Ettore Sottsass

Vorrei sapere perché/ I wonder why

Ettore Sottsass

Vorrei sapere perché/ I wonder why

Electa

Vorrei sapere perché
Una mostra
su Ettore Sottsass

6 dicembre 2007 - 2 marzo 2008
Trieste, Ex Pescheria,
Salone degli Incanti

con una sezione presso
il Castello di Miramare,
Sala del Trono

A cura di
Marco Minuz
Beatrice Mascellani
Alessio Bozzer

Organizzazione
TERREDARTE

Progetto allestimento
Beatrice Mascellani
con la collaborazione di
Chiara Lamonarca

Immagine coordinata
Alessio Bozzer

Ufficio stampa
Studio Esseci, Padova
Studio Sandrinelli, Trieste
Electa, Milano

In collaborazione con
comune di trieste
assessorato alla cultura
Fondazione
FONDAZIONE CRTRIESTE

con il contributo
FVG
CULTURA_FVG

Main sponsor
Calligaris
ITALIAN LIVING
VALCUCINE
INGEGNO ITALIANO
CASINÒ DI VENEZIA
AN INFINITE EMOTION

Sponsor
illy
AirDolomiti
Lufthansa
museo ALESSI
centro studi poltronova
AUTOVIE VENETE
FC Le Fondazioni Casali
Fondazione Benefica Kathleen Foreman Casali

Sponsor tecnici
ESATTO
AcegasAps
Grand Hotel Duchi d'Aosta
1873
&perizzi
delfabro

Sponsor tecnico assicurativo
Per l'Arte
INA
Assitalia

Sponsor tecnico per l'allestimento
LaBottega

Media sponsor
IL PICCOLO

Catalogo

Cura editoriale
Alessio Bozzer
Beatrice Mascellani
Marco Minuz

Testi di
Francesca Balena Arista
Alberto Bassi
Gloria Bianchino
Stefano Boeri
Alessio Bozzer
Gillo Dorfles
Hans Hollein
Enzo Mari
Beatrice Mascellani
Roberta Meloni
Alessandro Mendini
Marco Minuz
Hans Ulrich Obrist
Mimmo Paladino
Francesca Picchi
Sergio Polano
Lisa Ponti
Barbara Radice
Franco Raggi
Alessio Sarri
Clino Trini Castelli
Lea Vergine

Traduzioni
Maria Teresa Leo

Ringraziamenti
Anna Patrassi
Editrice Campanotto, Udine
Marco Zanuso Jr
Bianca e Luigi Molinis
Paolo Tassinari
Francesco Nicoletti
Anna Wagner
Guido Antonello
Elisabetta Daini
Cinzia Bitossi
Donatella Quarantotto
Raimondo Garau
Donatella Mari
Adriano Dugulin
Gilberto Benvenuto
Daniela Camerino
Elena Quarestani
Luisa Delle Piane
Claudia Gian Ferrari
Giulietta Del Fabro
Daniela Mongiat
Marzia Marcuzzo
Simon Hart
Paola Colombo
Giulio Nuzzi
Massimo Greco
Roberto Antonaz
Annamaria Richter
Mara Lucchetto
Paris Lippi
Giovanni Cervesi
Uberto Drossi Fortuna
Franca Malabotta
Iskra Grisogono
Gianfranco Favaro
Francesca Bertolo
Lisa Ponti
Piva Nives
Laura Forcessini
William Figliola
Alessandro Bonfanti
Valeria Alemà Regazzoni
Sergio Campagnolo
Roberta Barbaro
Cleto Munari
Angelo Moioli
Massimo Paniccia
Maschietto Editore
Neri Pozza Editore
Arca Editore
Maurizio Stefani
Gianni Cainelli
Francesca Balena Arista
Roberta Melone
Alessio Sarri
Alessandra Fossati
Giorgio Forni
Matteo e Susane Thun
Fabio Bedini
Maria Forni
Alfredo Taroni
Fulvio Ferrari
Napoleone Ferrari
Annamaria Consadori
Luciano Vistosi
Lauretta Vistosi
Marco Arosio
Ariella Risch
Francesca Appiani
Stephan Hamel
Daniele Prosdocimo
Ambra Guerra
Paolo Santangelo
Michele Da Col
Enrica Steffenini
Claudia Palamini
Davide Faccioli
Tiziana Sandrinelli
Ettore Camber
Barbara Radice
Stefano Boeri
David Overi
Davide Faccioli
Steven Cristea
Pio Baldi
Francesco Illy
Lorenzo Rilasciati
Rossella Fabiani
Maria Masau Dan
Nicoletta Drigo
Paolo Cavazzoni
Vittorio Pavan
Giovanni Bizzarini
Antonia Jannone
Clio Calvi
Rudy Volpi
Marra Corradi
Dal Prà Isabella
Giuseppe Diana
Michele De Lucchi
Giovanni Mosoni
Roberto Gasparotto
Egidio di Rosa
Stefano Rezzi

Prestatori
Archivio Bitossi, Montelupo Fiorentino
Stefania Campatelli, Livorno
Collezione Antonello, Milano
Collezione Giovanni e Sandra Carini, Pistoia
Collezione Mughini, Roma
Giulietta Del Fabro, Udine
Design Gallery, Milano
Fondazione Benetton Studi Ricerche, Treviso
Galleria Marina Barovier, Venezia
Galleria Clio Calvi Rudy Volpi, Milano
Galleria Colombari, Milano
Galleria Daniele, Padova
Galleria Antonia Jannone, Milano
Galleria Nilu Far, Milano
Galleria Pron, Torino
Gruppo Colorobbia, Montelupo Fiorentino
Memphis, Milano
Mirabili Arte d'Abitare, Firenze
Photology, Milano
Poltronova, Prato
Giovanna Rosselli Ponti, Milano
Alessio Sarri, Prato
Carlo Spinelli, Firenze
Ultima Edizione, Massa
Venini, Venezia
Lauretta Vistosi, Venezia
e tutti i prestatori che hanno preferito mantenere l'anonimato

È stato difficile l'anno scorso cercare di spiegare perché uno scolapasta non era soltanto uno scolapasta ("Questo non è uno scolapasta. Una mostra su Enzo Mari", Trieste, Palazzo Gopcevich, 2006). Sarà difficile quest'anno spiegare perché un vaso di vetro non è soltanto un vaso di vetro.

È stato difficile l'anno scorso mostrare il lavoro e l'esperienza di un maestro con una mostra di 200 metri quadrati. Sarà difficile farlo quest'anno con una mostra di 2000.

È stato difficile, anche questa volta, cercare di fare una mostra (e un catalogo) diversa, partecipata, che provasse a entrare più a fondo negli infiniti aspetti che costruiscono la complessità di un'opera di QUALITÀ.

Anche questa volta ci siamo riusciti grazie alla partecipazione di moltissime persone che con affetto e coraggio ci hanno seguiti, e che ringraziamo.

Sarà ancora più difficile continuare, in un momento in cui la QUALITÀ è una caratteristica rara, che segue percorsi nascosti, complicati da intreprendere e ancor più da descrivere.

Con la follia che tiene insieme tre persone, proviamo a promettere che continueremo, comunque.

Associazione Culturale Terredarte

It was difficult to explain why a colander was not just a colander last year ("Questo non è uno scolapasta. Una mostra su Enzo Mari," Palazzo Gopcevich, Trieste, 2006). It will be difficult to explain why a glass vase is not just a glass vase this year.

It was difficult to show a master's work and experience in a 200-square-metre exhibition last year. It will be difficult to do it this year in a 2000-square-metre one.

It has been difficult, also this time, to set up an exhibition—and a catalogue—that proved to be different, involving, that penetrated deeply into the complexity of a work of QUALITY.

Even this time we have managed to achieve this goal thanks to many people who have helped us with affection and courage and to whom we are deeply grateful.

It will be difficult to continue now that QUALITY is rare and slippery, difficult to follow and even more to describe.

With the folly that keeps three people together, we will do our best to continue. In spite of all.

Associazione Culturale Terredarte

Il 1917 non significa per l'Italia e per l'Europa – e per fortuna – solo guerra. Significa l'anno di nascita di un protagonista, a livello internazionale, del design: per Trieste è motivo di orgoglio e di riflessione ospitare l'unica grande mostra su Ettore Sottsass – impostata da una promettente pattuglia di giovani organizzatori culturali – coincidente con il novantesimo genetliaco del designer-architetto.

Motivo di orgoglio perché nell'Ex Pescheria scorrerà non solo e non tanto un'ampia rassegna di oggetti "firmati", quanto l'affascinante proiezione di una vita percorsa all'insegna della ricerca, della curiosità, della continua esperienza artistica e culturale.

Motivo di riflessione perché la biografia di Sottsass copre per gran parte quel Novecento al quale, nel corso del 2007, le civiche istituzioni culturali triestine – in particolare il Museo Revoltella hanno dedicato significativi momenti di studio, come attestano le mostre di Marussig, di Dorfles, di Mascherini, di Casorati.

Il design di Sottsass arriva allora a completare e ad arricchire un ciclo di indubbia classe e di sicuro interesse, ciclo che rimarca, sotto il profilo geoculturale, il ruolo originale e peculiare di Trieste.

Massimo Greco
Assessore alla Cultura del Comune di Trieste

Fortunately, 1917 means not just war to Italy and Europe. It means the birth of a protagonist of design at an international level. This major exhibition, the only one for Ettore Sottsass's 90th birthday, set up by a promising group of young cultural promoters, awakens Trieste's pride and reflection.

It awakens its pride because a vast variety of designer objects will be displayed in the Ex Pescheria building. More importantly, it awakens its pride because the Ex Pescheria will host the fascinating projection of a life spent for research, for satisfying its curiousness, for an artistic and cultural non-stop experience.

It awakens reflection because Sottsass's biography covers the most part of the 20th century to which Museo Revoltella and Trieste's cultural institutions in general have dedicated particular attention in 2007, by setting up exhibitions on Marussig, Dorfles, Mascherini and Casorati.

Sottsass's design completes and enriches a high-profile cycle of events of unquestionable interest. This cycle contributes to underline Trieste's original and peculiar role from a geo-cultural point of view.

Massimo Greco
Councillor for Culture, City of Trieste

La Fondazione CRTrieste ha inteso rendere omaggio a Ettore Sottsass, architetto e designer di fama internazionale, sostenendo l'esposizione realizzata, in occasione dei suoi novant'anni, presso i rinnovati locali del Salone degli Incanti.

La Fondazione, in particolare, ha creduto e voluto dar fiducia ai giovani professionisti dell'Associazione Culturale Terredarte che si sono fatti promotori di un progetto ambizioso e che potrà contribuire ad alimentare il confronto e la discussione su importanti temi dell'arte contemporanea.

A testimonianza del particolare rilievo di questa esposizione, la Fondazione ha deciso di partecipare attivamente all'organizzazione della stessa facendosi direttamente carico dell'attività promozionale e comunicativa.

Auspico, quindi, che Trieste possa trarre da questa iniziativa di grande valore artistico nuovi spunti di crescita e innovazione culturale.

Massimo Paniccia
Presidente della Fondazione CRTrieste

The CRTrieste foundation has decided to pay homage to the internationally known architect and designer Ettore Sottsass, supporting the exhibition aim celebrating his 90th birthday, which will take place in the renewed Salone degli Incanti.

The foundation's support is particularly dedicated to the Terredarte Cultural Association's young professionals, who have promoted an ambitious project that will increase thought and debates on some important topics of contemporary art.

To underline the prominence of this exhibition, the foundation has decided to actively participate in its organization by sponsoring promotional and communication activity.

I hope that this event of high artistic value may contribute to the enhancement of Trieste's growth and cultural innovation.

Massimo Paniccia
President of Fondazione CRTrieste

La mostra dedicata a Ettore Sottsass rappresenta un appuntamento che per circa tre mesi consentirà al pubblico di toccare con mano l'opera poliedrica di un artista che negli ultimi sessant'anni è stato protagonista e grande innovatore in vari campi aventi il loro comune denominatore nell'architettura.

Si tratta di un omaggio che Trieste fa a un artista capace di innovare, di costituire "avanguardia" anche anticipando movimenti che si sarebbero affermati in seguito, in varie discipline quali il design, l'architettura, la fotografia, il vetro, il gioiello, il disegno e la ceramica. Lo fa aprendo le sue porte migliori, quelle dell' Ex Pescheria e la Sala del Trono del Castello di Miramare per ribadire la rilevanza dell'evento e per favorire il dialogo tra l'opera del Maestro e il pubblico in una cornice storica che sicuramente contribuirà a stimolare l'emotività dei visitatori così intimamente vicini alle sue creazioni.

Nella certezza del grande e positivo impatto dell'esposizione, l'Amministrazione regionale conferma il proprio sostegno a manifestazioni in grado di favorire lo sviluppo culturale del proprio territorio, il confronto e il dibattito rispetto a espressioni artistiche capaci di promuovere l'innovazione che, in tutti i settori, rappresenta oggi momento essenziale di crescita sociale.

Roberto Antonaz
Assessore regionale

The exhibition on Ettore Sottsass will be a chance for the public to see the great variety of works carried out by a versatile artist who has been a protagonist and a great innovator in different fields over the last sixty years.

It is Trieste's tribute to an innovative avant-garde artist who has anticipated movements in sectors such as design, architecture, photography, glass, jewellery, drawing and ceramics.

On this occasion Trieste will open its best doors, the Ex Pescheria building and the Throne Room of the Miramare Castle, to underline the importance of the event and to improve the public knowledge of this master in a historical environment.

Certain of this exhibition's great and positive impact, the Friuli Venezia Giulia Administration confirms its support to cultural initiatives that are able to develop critical thought and innovation in all sectors, as a key factor for social development.

Roberto Antonaz
District Councillor

Sommario / Contents

Testimonianze/
Testimonies

Per Ettore Sottsass
Enzo Mari

Caro Ettore, Beatrice e Alessio mi chiedono di parlare di te per una tua mostra a Trieste. Ci conosciamo da più di quaran-t’anni e, sin da su-bito, ci siamo lega-ti con una affettu-

osa simpatia. Riconoscevo nel tuo fare le stesse ragioni del mio, sia pur talvolta in apparente diversità.

Devo parlare di te ma non posso fare a meno di dire noi... Se dico nostro, probabilmente riesco a spiegare meglio le ragioni del tuo lavoro. Lascio ad altri valutare se i risultati materiali del nostro lavoro sono paragonabili: penso che siano diversi ma equivalenti. Perché, qualunque siano state le ragioni del fare, al centro restava e resta il come poter mantenere e difendere la condizione umana.

I benpensanti della sinistra e della destra, che ci stanno soffocando, possono "pensare" che sto parlando d'altro, non del lavoro concreto, di quello che risponde ai bisogni, che produce sviluppo... Ma quale sviluppo? Quello dell'alienazione totale? È talmente totale che tutti i giovanissimi, ignorandone il senso e la portata, ne assumono le condizioni mortifere come una realtà ineluttabile del vivere; e magari gratificante. I meno giovani non ne ignorano il senso ma cercano di coniugarlo con quello di un altro termine: il "mercato globale". Non si rendono conto che alienazione, globale e mercato sono la stessa cosa.

Dunque, se tu e io (e qualcun altro) nel nostro lavoro di progettisti, più o meno fortunato, cerchiamo di negare l'alienazione totale, abbiamo realizzato lavoro umano (quando umano produce consapevolezza e conoscenza, quando alienato produce catalessi).

Siamo progettisti e, come tali, progettiamo cose da realizzare per l'uomo; ma la realizzazione avviene nel dominio dell'industria e del mercato. Sino a qualche decina di anni fa, pareva che lo sviluppo dell'industria condizionasse quello del mercato. Non è più così. Oggi constatiamo che lo sviluppo esponenziale del mercato condiziona e determina ogni forma di produzione. La merce deve ossessivamente riproporsi. Ne segue l'attuale non-valore generale: quello dell'ignoranza, unica garanzia del mercato globale.

Da moltissimi anni hai reagito a questo incubo in due modi: il primo è stato quello di rifiutare come interlocutore l'industria che, con il suo meccanismo di parcellizzazione, vanifica qualsiasi speranza di evoluzione. Hai scelto la produzione artigianale. Dal punto di vista ideale è l'allegoria della qualità del lavoro, in cui progetto ed esecuzione corrispondono. Questa scelta, relativamente ai rapporti di produzione oggi esistenti, consente forse di lavorare con maggior libertà e serenità in quanto non si è soffocati dagli innumerevoli mastini della produzione di merce. Parallelamente, hai scelto un'altra alternativa, quella della scrittura che consente di esprimere la condizione umana in modi ben più efficaci della forma plastica. Come letterato sei bravissimo (ti ammiro). Tuttavia, come me, rimani incatenato al ruolo di progettista.

Il secondo modo è stato quello di negare il formalismo della cultura occidentale. Se la forma e il suo significato corrispondono, certamente il formalismo (una forma che non è ma sembra) diventa il catalogo di tutta la produzione del panorama delle merci... Hai, quindi, trovato altri riferimenti ideali nelle forme divine dalla cultura Tantra. Con la speranza che un segno "altro" potesse contribuire a salvare il mondo. Certamente con questo lavoro hai realizzato progetti di felice freschezza e qualità poetica. Devi però ammettere che il sistema cui ci ribelliamo ha fatto propria la tua disperata proposta di forma "altra", inserendola nel proprio e unico catalogo di formalismo, favorito in questo dalle miriadi dei tuoi epigoni.

Gli Accademici dei progetti possibili oggi liquidano il tuo fare con attribuzioni di artisticità, riferendosi alla tua autoesclusione dal progettare cose che sembrano utili alla gente comune o ti riconoscono di aver arricchito il catalogo dei formalismi possibili.

Ti dico adesso della mia esperienza. Sin da giovanissimo mi era chiaro che l'ignoranza per tutto ciò che riguardava la forma fosse in sintonia con la produzione della merce, nella perversa dialettica tra domanda e offerta (sin dalla prima rivoluzione industriale il "popolo", decapitato il re, ha subito preteso di possedere almeno un trono di cartapesta...). Per questo, mi è sembrato che avrei potuto dialogare con l'operaio, "l'uomo nuovo", il potenziale rinnovatore della società, secondo la retorica di quegli anni. Consapevoli del lavoro alienato, avremmo potuto parlare del lavoro umano come trasformazione di noi e del mondo. Nell'arco di quasi cinquant'anni, tale utopia è stata il riferimento costante di due attività confluenti.

Intanto quella di rifiutare qualsiasi segno precostituito per dare forma ai progetti richiesti, di rifiutare i vaneggiamenti tecnologici, ambientali o qualsiasi altra banalità in linea con il flusso e riflusso del gusto, cioè del mercato. Non ho fatto altro che rispondere alle richieste di progetto con il mettere, come si dice, i puntini sulle i. Si è trattato semplicemente, individuate le miriadi di soluzioni possibili, di scartare progressivamente tutto ciò che sembrava ma non era. Qualche volta ci sono quasi riuscito (tu stesso l'hai detto).

L'altra attività, la più importante nella linea utopizzante, è stata quella di coinvolgere, all'interno di ogni fabbrica, gli operai, i diversi tecnici, gli stessi piccoli imprenditori in un dialogo finalizzato a renderli partecipi della forma e del suo significato. La questione era ed è: il sapere complessivo di come si fabbrica, per esempio, una sedia non può che appartenere completamente a chi pratica questa attività. L'effermazione non è così paradossale: è sempre avvenuto in altri settori produttivi che la gente conosce bene: il prosciutto di Parma, il formaggio grana, la mozzarella, il gorgonzola...

Che altro potevo fare? Ho cercato di realizzare qualche frammento di riforma. Ho ottenuto qualche minimo risultato negli anni sessanta e settanta: via via, da allora, è stato sempre meno possibile. Allora alcune industrie sbandieravano ancora qualche illusoria parola di qualità progettuale... Oggi è tutto finito: la totalità delle piccole imprese del "made in design" è in condizione di sottosviluppo imprenditoriale (il mercato è quello del Billionaire).

Se la parola "design" appartenga o non appartenga all'industria è stata una discussione all'interno di una piccola avanguardia della prima parte del secolo scorso. Il mercato globale non ne ha più bisogno.

Carissimo Ettore, sul piano personale però siamo stati fortunati. Siamo longevi (tu bellissimo, io… meno), curiosi e appassionati. Sul piano di come va il mondo restiamo disperati. Nonostante tu abbia quasi centodieci anni e io quasi cento, proviamo a essere ottimisti come siamo sempre stati; e a dire a quelli appena nati che bisogna ricominciare da zero. Bisogna ricominciare da zero. Si può, si può, si può, si può…

Con affetto
Enzo Mari
15 agosto 2007

For Ettore Sottsass
Enzo Mari

Dear Ettore,

Beatrice and Alessio have asked me to talk about you for an exhibition that will take place in Trieste.

We have known each other for over forty years and there has always been sympathy and affection between us. I could see that you were moved by the same reasons as I, even though sometimes it did not seem so.

I should talk about you, but I can not help saying "we"… If I say "our," I can probably explain the reasons behind "your" work better. I will leave it to the others to judge if the material results of our work can be compared to each other. I think they are different but equivalent. Whatever the reasons behind our acts may have been, our main concern has been—and still is—how to maintain and defend the human nature.

Conventional right and left-wing thinkers, who are oppressing us, may "think" that I am talking about something else. They may think that I am not talking about concrete work, of that kind of work which answers people's needs, which allows development… What kind of development are we talking about? The one of total alienation? It is so total that all the youngest, ignoring its sense and its dimensions, intake its deadly conditions as a necessary condition for their life, and this condition may even be regarded as gratifying. The less young do not ignore its sense. However, they try to think about it in positive terms, referring to the "global market." They do not realize that alienation, global and market are just the same.

Therefore, if you and I—and someone else—try to refuse total alienation in our more or less lucky work as designers, we have created human work—whenever "human" makes awareness and knowledge, whenever "alienated" makes catalepsy.

We are designers. As such we design objects to be produced for people. Their production takes place in the dominion of the industry and of the market. Up until a few decades ago it seemed that the development of the industry influenced that of the market. This is no longer true. Today we see that the esponential development of the market influences and determines any kind of production. Goods must obsessively reappear. Hence the current general non-value, that of ignorance, is the only sure consequence of the global market.

For many years you have reacted to this nightmare in two ways. On the one hand you have refused to follow the dictates of the industry, that by parcelling things out makes any hope of evolution vain. You have chosen handicraft production. Ideally, it is the symbol of quality, where project and execution coincide. Among today's relations of production, this choice seems to allow to work with greater freedom as there is no pressure from the many bearers of goods production. You have also chosen to write, which allows expression of the human condition in more effective ways as compared to the plastic form. As a literate you are great and I admire you. Just like me, though, you can not free yourself from the role of designer.

On the other hand you have opposed Western culture's formalism. If form and its meaning coincide, formalism—a form which is not but seems—becomes the catalogue of the production of all goods. Hence you have found other ideal references in the divine forms of the Tantra culture. Hoping that an "other-than" sign could contribute to saving the world. With this work you have doubtlessly carried out projects of happy freshness and poetic quality. However, you must admit that the system against which we are rebelling has adopted your desperate proposal of an "other-than" form including it in its own unique catalogue of formalism. It has been helped to do it by the great number of your followers.

Scholars of possible projects today tend to underestimate your work just highlighting the artistic side of it, and speaking of your will not to project useful objects. The most they acknowledge in your work is your enriching the catalogue of possible formalisms.

I will tell you about my experience. Ever since I was very young it was clear to me that ignorance about form was in syntony with the production of goods in the perverse dialectic of supply and demand—since the first industrial revolution, after the king was beheaded, the "people" had immediately expected to own a cardboard throne at least. Hence I thought I could talk to the worker, the "new man," the one who could renew the society, as we used to say in those years.

Being aware of alienated work, we could have talked about human work as a way to change ourselves and the world. In the following fifty years, such a utopia has been the constant reference point of two confluent activities.

The first activity was to refuse any pre-established sign to give form to requested projects. To refuse technological or environmental nonsenses, and any other banality, which are the result of the taste of the moment, that is, of the market. What I have done is simply to respond to the requests for projects by dotting the i's and crossing the t's. Among the thousands of possible solutions, I have discarded everything that seemed to be but was not. Sometimes, as you said, I have even almost managed to do so.

The other activity, the most important in the line of utopia, was that of involving factory workers, technicians and small enterpreneurs in a dialogue aiming to make them aware of the form and its significance. The question has always been the same: the whole knowledge of the production of a chair, for instance, can only belong to those who produce that chair. This is not as paradoxical as it may seem. It has always been so in some well-known sectors such as Parma ham, Parmesan, mozzarella and gorgonzola cheeses etc.

What else could I do? I have tried to carry out some fragments of reform. I achieved some meagre results in the 1960s and 1970s. From then on it has been increasingly less possible. At that time some factories still displayed some illusionary words about design quality... Today it is all over. All of the small firms of "made in design" are in a state of enterpreneurial underdevelopment (the market is that of the Billionaire).

Whether the word "design" belongs to industry or not has been debated by a small avant-garde of the first part of the last century. The global market does not need it any longer.

In any case, my dear Ettore, from a personal point of view we have been very lucky. We are enjoying a long life–you keeping your beauty, I... less–we are curious and passionate. From a global point of view we keep being desperate. Although you are approaching 110 years and I 100, we try to be as optimistic as we have always been, and to tell the newborn ones that they need to start from scratch. It is possible, it is possible, it is possible, it is possible...

Yours,
Enzo Mari
15 August 2007

Gli scritti di Sottsass. Lo stile letterario dell'architettura

Gillo Dorfles

Accade – qualche volta, non sempre – che anche un pittore, un architetto, un musicista abbiano un loro "stile letterario". Non è un caso frequente, ma succede. E ho detto "stile lette-

rario" il che non significa che questi "scrittori" debbano essere considerati alla stessa stregua di veri e propri romanzieri. Quanto sopra in contrasto con i tantissimi pittori e scultori che riempiono pagine intere con prolisse e vacue disquisizioni per "spiegare" cosa significa la loro arte; dato che, senza le loro spiegazioni, nessuno la considererebbe tale.

Eppure c'è anche chi – interpretando la propria opera (ad esempio Toti Scialoja) riesce a essere persino più convincente che dipingendo. Ebbene, esiste, tuttavia, un caso che non rientra in nessuno dei due esempi citati e che proprio per questo mi sembra singolare: quello di un ben noto designer e architetto (e anche ceramista, decoratore, inventore d'un personalissimo "stile") che ha addirittura (attraverso un movimento come Memphis) influenzato una generazione di discepoli (non sempre come accade all'altezza del maestro) e che, oltre tutto, ha anche saputo inventarsi un tipo di scrittura autonomo. Intendo parlare di Ettorino (anzi, come ufficialmente si definiva un tempo: Ettore Sottsass jr, per differenziarsi dal noto architetto suo padre).

Ettore Sottsass – che è da considerare come uno dei decani del nostro design – ci ha anche regalato una raccolta di suoi scritti (*Scritti 1946-2001*, Neri Pozza, pagine 582, euro 33); alcuni articoli "tecnici" apparsi sul "Il Politecnico", su "Comunità", altri scritti "d'occasione" per convegni, viaggi, conferenze, molti decisamente spontanei, ironici, battaglieri e, quel che più conta, tracciati con una precisa modalità letteraria a metà strada tra il tono colloquiale e quello pamphlettistico; tutti, comunque, lontani da elucubrazioni pedantesche, ma gustoso complemento all'attività di uno dei più eterodossi, geniali e più mitizzati designer contemporanei.

Molte volte essere incensati e agiografati può portare jella. Nel caso di Ettore, per fortuna, non è stato così: il suo fascino (non solo personale, ma del suo lavoro) è rimasto intatto. Non basta: quella che è stata davvero un'azione invidiabile e salutare da parte sua (e che risulta chiaramente anche da alcuni di questi scritti come quelli dedicati al Bauhaus, alla decorazione, a Memphis, al "controdesign", al Giappone, alla Olivetti, eccetera), è l'influenza della sua "lezione" (di artista e di critico) su tutta una generazione ancora asservita ai dettami del protorazionalismo. Ettore, che pure aveva dato prova d'una collaudata esperienza funzionalista nelle sue macchine per scrivere Olivetti e in altri lavori per quella ditta (e si vedano i capitoletti dedicati al suo sodalizio con la stessa e il parlante ritratto di Roberto Olivetti) è stato tra i primi a voler svecchiare il design italiano, spezzando le pesanti catene d'un asservimento alla Germania "brauniana" e alla Svizzera concretista di Max Bill e ristabilendo quella indispensabile e così calpestata valenza dell'ornamentazione, che, per alcuni decenni, era stata considerata peccaminosa presso le avanguardie europee.

L'elemento decorativo di cui Sottsass seppe dare importanti e originali esemplificazioni (nei gioielli, nelle ceramiche, nei vetri) ha finito per rivelarsi presente anche in alcuni di questi scritti: quando, invece del pedantesco frasario della critica ufficiale, ha preferito valersi di un linguaggio pittoresco, spesso gergale e conversativo (così in certi "dialoghi" con Nanda Pivano apparsi a suo tempo in alcune riviste d'architettura o in certi reportage dai suoi numerosi viaggi: in India, in Giappone, in California). E, indubbiamente, sono questi brani – come quelli che ricalcano le giornate di lavoro nel suo studio, con le "voci" dei diversi personaggi come contrappunto dialogante – a costituire uno degli aspetti più originali del volume.

Writings by Sottsass. The Literary Style of Architecture

Gillo Dorfles

It sometimes happens–sometimes, however–that even a painter, an architect or a musician have their own "literary style." It is not very common. Still, it happens. I said "literary style," which does not mean that such "writers" should be regarded as real novelists. This is in contrast with a great number of painters and sculptors who fill pages with verbose and vacuous disquisitions to "explain" the meaning of their art–as without their explanation, nobody would have regarded their art as such.

It happens however that some manage to be even more convincing by interpreting his/her own work than by painting it. For example Toti Scialoja.

Still, there is one case which differs from the aforementioned two, for which reason I find it peculiar. It is that of the well-known designer and architect–and also ceramist, decorator and inventor of a truly personal "style"–who has managed to influence a generation of disciples–not always as good as the master, I am afraid–through a movement such as Memphis. In addition to all this, he has been able to invent an autonomous type of writing. I am talking about Ettorino–Ettore Sottsass jr, as he officially used to address himself once to distinguish himself from his father, the well-known architect.

Ettore Sottsass is to be regarded as one of the doyens of our design. He has also gifted us with a collection of writings (*Scritti 1946-200l*, Neri Pozza, 582 pages, euro 33). Some of them are "technical" papers published in *Il Politecnico* and in *Comunità,* others are miscellanea written for meetings, journeys and conferences. Some of them are truly spontaneous, ironical, combative and, what is more important, traced in a precise literary mode which uses a tone that is midway between colloquial and pamphletary. In any case, all of them keep away from pedantic lucubrations and are a delightful complement to the activity of one of the most heterodox, genial and mythicized contemporary designers.

It may well happen that being adulated and santified is of bad omen. However, in the case of Ettore it has not been so. His fascination–not only personal, but also of his work–is intact. More, the effect of his "lesson"–both as an artist and as a critic–on a whole generation that was subject to the dictates of protorationalism has been a highly enviable and beneficial action of his. This action is clearly shown also from some of these writings, such as those dedicated to Bauhaus, to decoration, to "counterdesign," to Japan, to Olivetti etc. Ettore had a strong functionalist experience due to his work on Olivetti typewriters and to his other works for Olivetti–see chapters about his commitment with it and the speaking portrait of Roberto Olivetti. In spite of this, however, he has been among the first ones to aim at breaking the heavy chains of subjection to Braunian Germany and to Max Bill's concretist Switzerland, thereby reaffirming the value of ornamentation, which was so necessary and yet so trampled on at the same time and which had been considered sinful by European avant-gardes for some decades.

The decorative element of which Sottsass had been able to give important and original examples in jewels, ceramics and glasses can also be found in some of these writings–where instead of the pedantic phraseology of official criticism he has used a picturesque and often slangy and colloquial language (see for example "dialogues" with Nanda Pivano published in some journals of architecture). The same decorative element is present in some reports on his many journeys to India, Japan and California. One of the most original aspects of this volume is doubtlessly these passages and those about his days working in his studio, where the "voices" of different characters appear as dialoguing counterpoint.

Stefano Boeri

1. Gira in questi mesi per il mondo (New York, Londra, Pechino) una piccola mostra sulle riviste *radical* e *underground*. Curata da Beatriz Columin e da un gruppo di ricercatori di Princeton,

la mostra raccoglie le copertine di una cinquantina di riviste capaci negli anni sessanta e settanta del secolo scorso di sovvertire i format dei principali periodici internazionali di cultura, arte e architettura.

Una tale esplosione di invenzioni grafiche e di punti di vista originali sul mondo da frustrare, ancora oggi, qualsiasi speranza di poter ancora inventare qualcosa di inedito.

A generare questo ciclone di ossigeno editoriale, l'esposizione colloca tre riviste: "Polygon", celebre pubblicazione *underground* inglese fondata nel 1956; la rivista dell'Internazionale Situazionista e "Room East 128", una fanzine ideata da Ettore Sottsass nel 1962.

2. Primavera del 1962. Ettore Sottsass ha 45 anni ed è ricoverato per sei mesi nella stanza 128 (una "senator Room") del Medical Center della Stanford University a Palo Alto (California). È Roberto Olivetti, preoccupato per la grave forma di nefrosi che ha colpito l'amico, a pagargli le cure. Nella stanza, in una piccola branda, dorme con lui Fernanda Pivano, che spesso esce per incontrare gli amici poeti, come Allen Ginsberg e Gregory Corso. Con loro, Sottsass a volte scappa dalla clinica e circola tra San Francisco e Los Angeles. Incontra gli studenti in rivolta, conosce Bob Dylan, frequenta i circoli letterari della Beat Generation.

Ma la vita quotidiana – le notti e i lunghi giorni – è incatenata alla stanza 128, East. Qui Sottsass, costretto a concentrarsi sulla malattia e sotto l'effetto di accelerazione di sinapsi del cortisone, per rispondere alle lettere e telefonate degli amici che dall'Italia chiedono di conoscere le sue condizioni di salute decide di inventare una fanzine. Quando un bizzarro signore gli porta in camera un ciclostile portatile, il più è fatto: nasce "Room East 128", tre numeri diffusi in poche decine di copie; informazioni personali (cosa succede nell'ospedale, cosa ho mangiato oggi...), più memorie visive degli incontri californiani, più disegni, più ritagli tratti dalle riviste e dai giornali che circolano nella sua stanza. Dal montaggio nasce un imprevisto geniale caleidoscopio di idee, ricordi, immagini.

3. Nel 1962, in quella stanza del Medical Center di Palo Alto accade qualcosa di simile a quanto succede in un acceleratore di particelle. Quasi fossero fasci di ioni, tutti i flussi di pensieri e di esperienze che abitano giorno e notte la stanza 128 vengono convogliati in un piccolo dispositivo editoriale: le contaminazioni pubblicitarie della cultura pop americana e le soluzioni espressive del dadaismo; l'"individualismo di massa" dei giovani studenti americani e le forme autobiografiche della letteratura mitteleuropea; la Beat Generation e il surrealismo; la musica *underground* e le prime ricerche sui calcolatori elettronici. Filtrati dal montaggio di Sottsass, i materiali del mondo scorrono sulle pagine della fanzine.

Del resto, oggi sappiamo che nella stanza 128 è semplicemente accaduto quello che accadrà in seguito in molte altre stanze sottsassiane – da Pianeta Fresco a Memphis, da Global Tools a Terrazzo – quando un piccolo gruppo di relazioni interpersonali si sono improvvisamente intrecciate attorno a un acceleratore cognitivo.

Quando il mondo, anche se per un solo momento, ha ballato nel pensiero di uno straordinario inventore di realtà.

Reality Accelerator
Stefano Boeri

1. A small exhibition on radical and underground magazines has been going round the world (New York, London, Beijing) in the last few months. It is curated by Beatriz Columin and by a group of Princeton researchers and collects covers of about fifty magazines that in the 1950s managed to overturn the formats of the main international magazines about culture, art and architecture. Such an outburst of graphical inventions and of original points of view about the world can still frustrate any hope of inventing something new.

According to this exhibition, three magazines have generated this cyclone of editorial oxygen. *Polygon*, famous English underground magazine founded in 1956, the Situationist International's magazine and *Room East 128*, a fanzine conceived by Ettore Sottsass in 1962.

2. Spring 1962. Ettore Sottsass is 45 and spends six months in room 128 (a "senator Room") of Stanford University Medical Center, Palo Alto, California. Worried about his friend's serious nephrosis, Roberto Olivetti pays for the treatment. Sottsass shares his room with Fernanda Pivano, who often goes out to meet her friends, poets such as Allen Ginsberg and Gregory Corso. Sometimes Sottsass runs away from the hospital with them and goes around San Francisco and Los Angeles. There he meets rebelling students, Bob Dylan and attends the literary circles of the Beat Generation.

His everyday life, his nights and his long days, however, take place in room 128, East. Here Sottsass must focus on his illness and is under the effect of synapse acceleration due to cortisone assumption. To reply to his friends' letters and phone calls inquiring about his health, he invents a fanzine. When a bizarre man shows him a portable cyclostyle the most is done. *Room East 128* is born. Three copies have been made and a few dozens copies have been distributed. The fanzine includes personal information (what happens in the hospital, what he eats each day...), visual memories of his meetings, drawings, clippings from magazines and newspapers that he finds in his room. Putting all this material together has generated a kaleidoscope of ideas, memories and images.

3. In 1962 that room in the Medical Center is similar to a particle accelerator. Just as if they were ion beams, all the thoughts and the experiences living day and night in room 128 are put together in a little editorial device. American pop culture's advertising contaminations are mixed with Dadaistic expressive solutions. Young American students' "mass individualism" is mixed with Mitteleuropean literature's autobiographical forms. The Beat Generation is mixed with Surrealism. Underground music is mixed with the first researches on computers. Filtered by Sottsass, world materials flow on the fanzine's pages.

In any case, we know that what happened in room 128 is just what would happen later in any other of Sottsass's rooms, from Pianeta Fresco to Memphis, from Global Tools to Terrazzo. There, a small number of interpersonal relations have suddenly interlaced around a cognitive accelerator.

There, even if for just a moment, the world has danced in the thought of an outstanding inventor of reality.

Intimismo, non eroismo. Schizzo biografico di Ettore Sottsass jr

Sergio Polano

“In tutti i campi, l’uomo veramente *forte* è colui che meglio sente che niente viene dato, che bisogna tutto costruire, tutto acquisire, che trema quando non sente ostacoli,

e ne crea... Per costui la forma è una decisione motivata". Eupalinos

Poliedrico e versatile arti-progettista per giovanile perdurante vocazione (disegni, dipinti, ceramiche, gioielli, fotografie, oggetti di diletto e d'uso, architetture...), Ettore Sottsass jr, nato nel 1917 a Innsbruck, passati i primi anni a Trento, si laurea in architettura al Politecnico di Torino nel 1939. Nel 1947, dopo aver collaborato con il padre Ettore Sottsass sr e con Giuseppe Pagano, inizia la propria attività professionale a Milano. Nel 1958 (due anni dopo l'esperienza newyorkese con un designer quale George Nelson), avvia una durevole e significativa stagione con la Olivetti, l'impresa-leader di Ivrea, quale consulente-capo del settore macchine per ufficio, che inizia con l'Elea 9003 del 1959, primo dei computer italiani – e opera del geniale Mario Tchou, troppo presto chiamato in cielo – e di una lunga serie di altre macchine[1].

Nel frattempo, Sottsass si occupa sempre più di oggetti d'uso domestico e d'arredo, con un approccio disinibito, plurale e sperimentale. L'elaborazione critica delle relazioni tra progettazione e industria lo porta, infatti, prima a promuovere un meditato ritorno all'artigianato artistico[2] del "nuovo design"[3], con tangibili segni di un viaggio in India nel 1961[4]. In seguito, lo spinge a prender parte all'altridicente *radical design* di fine anni sessanta[5], originato da un clima di anti-design, d'ambito anche milanese ma soprattutto fiorentino. Nel 1972, infine, partecipa al MoMA di New York alla mostra "Italy: The New Domestic Landscape", che – a detta di molti – di tale protestatario radicalismo rappresenterebbe il culmine dell'ascesa e – assieme – la caduta, il climax e la catarsi.

A partire dal 1957, si erano intanto avviati gli esperimenti con Poltronova[6], l'azienda fondata nel 1956 da Sergio Cammilli ad Agliana (Pistoia), a cui seguono i progetti di artefatti industriali elaborati, tra molti altri, per: Abet Laminati, Alessi[7], Apple, Arredoluce, Artemide[8], Bieffeplast[9], Cassina[10], Italia Disegno, Knoll[11], Seiko, Siemens, Stilnovo[12], Venini[13], Vitra, Zanotta[14], Zumtobel. Nel 1973, cofonda a Milano Global Tools, cooperativa d'agitazione artistica (e contro-scuola concettuale) di breve vita. Nel 1980, ricostituisce come Sottsass Associati[15] lo studio milanese, che si occupa di progetti d'architettura e di artefatti industriali. Poco dopo, Sottsass jr è ispiratore, mentore e cofondatore anche di Memphis (1981-1987), operazione sia produttiva[16], sia teorica, di un collettivo[17] internazionale di designer e architetti, in una certa misura erede dell'atteggiamento anti-industriale di Studio Alchimia[18], soprattutto da quando – con il principiare dei reagan-thatcheriani anni ottanta – Alessandro Mendini ne costituirà il perno ideologico, con il suo amore per il "banale" decorativo e applicato. "Fare design per me – ha dichiarato invece Sottsass jr – non significa dare forma a un prodotto ... Per me il design è un modo e uno strumento per discutere della vita, dei rapporti sociali, della politica, del mangiare e persino del design stesso", aggiungendo sulle pagine di "Domus"[19]: "Il design industriale è arrivato a un punto ambiguo, complicato. Negli ultimi dieci-quindici anni il marketing è diventato una pseudoscienza, cosicché a prendere oggi le decisioni sono gli esperti di marketing … Se il problema dell'industrial design si riduce al: 'si vende, non si vende', in quel caso io non ho più spazio … Nei primi anni alla Olivetti il marketing non esisteva nemmeno. Adriano Olivetti aveva un'idea molto alta del proprio destino industriale. Oggi l'idea è quella di andare avanti, fare soldi e crescere sempre in modo esponenziale. E non si capisce perché. Se l'industria va bene potrebbe anche non continuare a crescere, arrivare a una situazione di felice equilibrio. Mi chiedo quindi dove collocarmi. L'idea generale è di ritirarmi".

Tra i numerosi riconoscimenti, nazionali ed esteri, ricevuti da Sottsass jr, si segnalano ben quattro Compassi d'oro (uno alla carriera); esposte in collezioni permanenti di importanti musei in varie città del mondo, le sue opere si trovano nondimeno a loro agio in case, uffici e luoghi pubblici.

Oggi, onusto di tanta sofferta felice vissuta esperienza, il Nostro sembra – non a caso – attratto soprattutto dall'architettura, dalle sue fabbriche e dall'artificiazione a varie scale – sia interna sia esterna, in senso lato – dell'ambiente antropico. Cioè sembra ammaliato dalla (e pienamente dedito alla) più complessa e difficile delle arti, alla madre e sorella di tutte le muse, l'architettura.

Personalmente son convinto da anni (e non credo di sbagliarmi di grosso) che Ettore Sottsass jr pensi dell'/all'architettura più o meno come Valéry: "Unica fra tutte le arti, e in un attimo indivisibile di visione, l'architettura carica il nostro animo del sentimento totale delle facoltà umane". Questa mia convinzione s'è rafforzata definitivamente qualche tempo fa, quando lessi ciò che il Nostro dichiarava a un settimanale e cioè che "l'architettura ricomincia dal privato. Intimismo, non eroismo".

Intimism, Not Heroism. Biographical Draft on Ettore Sottsass jr

Sergio Polano

"In all sectors, a really strong man is he who best feels that nothing is given, that all must be built or acquired. He who trembles when he does not sense obstacles, and makes them… For him, form is a motivated decision." Eupalînos

Ettore Sottsass jr is a many-sided and versatile artist and designer whose long-lasting vocation began in his youth and expressed itself in drawings, paintings, pottery, jewellery, photographs, leisure and useful objects, architectures, etc. He was born in 1917 in Innsbruck. He spent his first years in Trento and graduated in 1939 from the Politecnico in Turin. After collaborating with his father, Ettore Sottsass sr, and with Giuseppe Pagano, in 1947 he began his own professional activity in Milan. Two years after the opportunity he had to work together with the great designer George Nelson in New York, in 1958 he began a long and fruitful period of collaboration with Olivetti, a very important firm based in Ivrea, as chief consultant of the office-typewriters sector. The first of a long list of results[1] was achieved in 1959 with Elea 9003, the first Italian computer made by the brilliant Mario Tchou, who, unfortunately, passed away too early.

In the meantime, Sottsass works at objects for everyday use and home décor with an original, plural and experimental approach. Thinking over the relation between design and industry, he promotes a critical return to artistic handicraft[2] of "new design,"[3] with clear signs of his journey to India in 1961.[4] He also takes part in the radical design of the end of the 1960s,[5] originated by a climate of anti-design in Florence and, most of all, in Milan. Finally, in 1972 he takes part at MoMa, New York, in the exhibition "Italy: The New Domestic Landscape" that, according to many, is both the apex and the plummet, the climax and the catharsis of such protesting radicalism.

Since 1957 experiments began with the firm Poltronova[6] founded in 1956 by Sergio Cammilli in Agliana (Pistoia, Italy), followed by projects of industrial high-quality products devised for many companies among which Abet Laminati, Alessi,[7] Apple, Arredoluce, Artemide[8], Bieffeplast[9], Cassina[10], Italia Disegno, Knoll,[11] Seiko, Siemens, Stilnovo,[12] Venini,[13] Vitra, Zanotta,[14] Zumtobel. In 1973 in Milan he co-founded Global Tools, a co-operative association of artistic agitation and conceptual counter-school with a short life.

In 1980 he restored his studio in Milan as Sottsass Associati,[15] working at architecture projects and high-quality industrial products. Soon afterwards, Sottsass jr was inspirer, mentor and co-founder of Memphis (1981–87), which was both a productive[16] and a theoretical action of an international whole[17] of designers and architects. To a certain extent, this group is heir of the anti-industrial positions of Studio Alchimia.[18] This is particularly true since–with the rise of Regan-Thatcher supporters in the 1980s–Alessandro Mendini became its ideological pivot, with his love for decorative and applied "banal."

On the other hand, Sottsass jr claimed "to do design does not mean to me to give form to an object … To me design is a way, an instrument to discuss life, social relations, politics, food and even design itself." In *Domus*[19] he added: "Industrial design has reached an ambiguous and complicated stage. During the last 10-15 years marketing has become a pseudoscience and marketing experts are now who decides … If the problem of industrial design is downgraded to whether a particular product will be sold or not, then there is no more room for me … In the first years I spent at Olivetti marketing did not even exist. Adriano

Olivetti had a very high opinion of his own industrial destiny. Today the idea is to go on, to make money and to grow exponentially. But why? If industry is all right, it might well stop growing. Rather, it could reach a happy stability. I therefore wonder where to put myself. My general idea is to retire."

Among the many national and international recognitions obtained by Sottsass jr there are up to four Compasso d'oro awards, one of which given to his career. His works are displayed both in permanent collections of important museums around the world and in private houses, offices and public places.

Today, laden with so much suffered, happy, long-lived experience, Ettore Sottsass is quite reasonably attracted mostly by architecture, by its industries and by working—both internally and externally—at the anthropic environment on different scales. In a word, he seems enchanted and totally dedicated to the most complex and difficult art, mother and sister of all the other muses, architecture.

An idea of mine which took shape years ago, and which I believe is not far from true, is that the opinion/relation Ettore Sottsass jr has of architecture is approximately the same as Valéry: "Unique among all the arts, and in an instant indivisible division, architecture fills our souls with the total feeling of human faculties." I became certain of this some time ago, when I read the following declaration by Sottsass in a magazine: "Architecture starts again from the private. Intimism, not heroism."

note

[1] Ia, da scrivere elettriche Tekne 3 e Praxis 48 del 1964; da scrivere portatili Lettera DL del 1965, Valentine del 1969, Lettera 36 del 1970; calcolatrici Logos 27 del 1965 e Summa 19 del 1970. Più tardi, disegna per la consociata Olivetti Synthesis vari sistemi d'arredo per ufficio: ia, serie 45 del 1973; Icarus del 1982, Delphos del 1986.

[2] Non troppo desueta formula e tradizionale concetto, equivalente ad "arte applicata".

[3] L'etichetta "nuovo design" è di Andrea Branzi, uno dei fondatori di Archizoom Associati a Firenze, nel 1966, e poi padre di Domus Academy a Milano.

[4] A materiale riprova, le Ceramiche delle tenebre, 1963, e Per Shiva, 1964.

[5] "Estetizzazione romantica dell'atto politico della protesta", secondo l'autorevole interpretazione di Tomás Maldonado.

[6] Si vedano il tavolo Loto, 1965, o i "Mobili grigi", Elleduc e Ultrafragola in primis, 1970.

[7] Oliere e complementi 5070, 1978, posate Nuovo Milano (Compasso d'oro), 1987, servizio in porcellana La Bella Tavola, 1993.

[8] Lampade Callimaco, 1981, e Pausania, 1982.

[9] Mobile bar Mandrake, 1992.

[10] Collezione di sedute Selim, 1992.

[11] Poltrone Westside e Eastside, 1982, collezioni Mandarin e Bridge, 1986.

[12] Lampada Valigia, 1977.

[13] Lampade a sospensione Gloriosa, 1988, e Firenze, 1995.

[14] Cantone, 1981, e tavolo Ospite, 1984.

[15] Inizialmente con Aldo Cibic, Matteo Thun e Marco Zanini, tra altri, e poi anche con James Irvine e Johanna Grawunder.

[16] Suoi due degli oggetti più noti del "movimento", i mobili Carlton e Casablanca (ambedue 1981).

[17] Di cui son parte, e rilevante, anche Michele De Lucchi e Barbara Radice.

[18] Fondato nel 1976 da Alessandro Guerriero, lo studio Alchimia (1976-1992) è stata una delle formazioni più attive del design italiano della "post-avanguardia". La mostra "Alchimia il mobile infinito", tenutasi presso il Politecnico di Milano nel 1981, impegnò in un progetto comune lo studio Alchimia insieme a Ettore Sottsass jr, Alessandro Mendini, Bruno Munari, Gio Ponti, Andrea Branzi, Michele De Lucchi, Mimmo Paladino e molti altri artisti, registi e architetti. Dal manifesto di Alchimia: "Per il gruppo Alchimia è importante l'atto del disegnare … un libero e continuo movimento del pensiero, quando si esprime visivamente. Un movimento motivato. Per Alchimia il suo compito di gruppo che disegna è quello di consegnare agli altri una testimonianza del pensiero sentimentale. … Alchimia lavora sui valori considerati negativi, della debolezza, del vuoto, dell'assenza e del profondo, oggi intesi come cose laterali rispetto a ciò che è esteriore, pieno e violento, come cose da rimuovere. … Per Alchimia non bisogna mai sapere se si sta facendo scultura, architettura, pittura, arte applicata, teatro o altro ancora. Il progetto agisce ambiguamente al di fuori del progetto stesso di indifferenza disciplinare dimensionale e concettuale. … Per Alchimia vale la despecializzazione ovvero l'ipotesi che debbano convivere metodi di ideazione e di produzione confusi, dove possano mescolarsi artigianato, industria, informatica, tecniche e materiali attuali e inattuali. … Per Alchimia il disegno è un ciclo: tutto quanto accadrà è già avvenuto e la fantasia individuale, base della sopravvivenza del mondo, può percorrere in tutti i sensi ogni cultura e luogo, purché operi in maniera innamorata".

[19] 1997, settembre, vol. 796.

notes

[1] Ia, electric typeswriters Tekne 3 and Praxis 48 in 1964; portable typewriters Lettera DL in 1965, Valentine in 1969, Lettera 36 in 1970, Logos 27 calculators in 1965 and Summa 19 in 1970. Later on, he draws various office furniture systems for the associated firm Olivetti Synthesis; The ia series 45 in 1973; Icarus in 1982, Delphos in 1986.

[2] This is a label that is used somewhat rarely now. It is a traditional concept that could otherwise be called "applied art."

[3] The name "new design" was invented by Andrea Branzi, one of the founders of Archizoom Associati in Florence in 1966 and then father of the Domus Academy in Milan.

[4] See Ceramiche delle tenebre, 1963, and Per Shiva, 1964.

[5] "Romantic aesthetisation of the political act of protest," according to the authoritative interpretation of Tomás Maldonado.

[6] See the Loto table, 1965, or the "Mobili grigi," Elledue and Ultrafragola *in primis*, 1970.

[7] Oliere e complementi 5070, 1978, Nuovo Milano cutlery (Compasso d'oro), 1987, china dinner-service La Bella Tavola, 1993.

[8] Lamps Callimaco, 1981, and Pausania, 1982.

[9] Mandrake cocktail cabinet, 1992.

[10] Selim collection of seats, 1992.

[11] Westside and Eastside armchairs, 1982; Mandarin and Bridge collections, 1986.

[12] Valigia lamp, 1977.

[13] Gloriosa suspension lamp in 1988, and Firenze suspension lamp in 1995.

[14] Cantone, 1981, and Ospite table, 1984.

[15] Initially with Aldo Cibic, Matteo Thun and Marco Zanini (among others), and later on also with James Irvine and Johanna Grawunder.

[16] Among the most famous objects of the "movement," there are his pieces of furniture Carlton and Casablanca (both 1981).

[17] Of which also Michele De Lucchi and Barbara Radice are an important part.

[18] Founded in 1976 by Alessandro Guerriero, the Alchimia studio (1976–92) has been one of the most active players in "post-avant-garde" Italian design. The Alchimia studio, Ettore Sottsass jr, Alessandro Mendini, Bruno Munari, Gio Ponti, Andrea Branzi, Michele De Lucchi, Mimmo Palladino and many other artists, film directors and architects worked together at the exhibition "Alchimia, the infinite furniture" hosted by Politecnico in Turin in 1981.

In the manifest of Alchimia we read: "For the group Alchimia the act of drawing is important … a free and continuous movement of the mind, when visually expressed. A motivated movement. According to Alchimia, its duty as a group of people who draw is to give a token of sentimental thought to other people. … Alchimia works at values such as weakness, emptiness, absence and depth, that are commonly regarded as negative and secondary with respect to what is exterior, full and violent, and should therefore be removed. … According to Alchimia, one should not worry whether a work is about sculpture, architecture, painting, applied art, theatre or something else. A project acts ambiguously out of the project itself of conceptual and dimensional disciplinary indifference. … For Alchimia what counts is despecialisation, that is the idea that confused methods of ideation and production should co-exist, whereas handicraft, industry, computer science, modern and old-fashioned techniques and materials may mix together. … For Alchimia drawing is a cycle: all that will happen has already happened and individual imagination, which is the base of world survival, can cover any culture and place in any sense, insofar as it acts with love".

[19] Vol. 796, September 1997.

Standard e artigianato negli scritti del primo dopoguerra

Alberto Bassi

L'attività di Ettore Sottsass jr è sempre stata declinata in molti ambiti differenti, sia progettuali sia, in senso lato, culturali e intellettuali. Ad esempio, resta uno degli architetti e designer che ha pubblicato più contributi specifici e d'occasione attorno ai temi del progetto, ma non solo, su periodici di vario genere. Rispetto ad altri però la sua produzione è segnata da carattere deliberatamente *understatement*, frutto di eloquio e argomentare in apparenza semplice e comune, comunque sempre tesa a sollevare nodi centrali della cultura del progetto e della nostra società. Quasi mai si tratta di pensosi saggi, sembrano piuttosto accidentali idee ed episodi, situazioni, cose viste in un viaggio, una mostra o quant'altro.

Innanzitutto di frequente stupisce l'argomento – perché parla di questo? –; poi ti trovi intrigato dal racconto e dai suoi modi; infine scopri che ti porti a casa una riflessione o un'emozione. A volte funziona allo scopo anche una fotografia, che è qualcosa di più di un editoriale.

Frequentando le riviste italiane di progetto non è dunque raro imbattersi in interventi sottsassiani (alcuni dei quali riuniti qualche anno fa in un bel volume edito da Neri Pozza) e ogni volta è appunto una sorpresa. Una mia, sfogliando un "Domus" della metà degli anni sessanta, fu per un articolo sulla grafica delle carte veline usate per avvolgere le arance. Poi consideri che erano gli anni del pop ma anche della riflessione sulla cultura spontanea e poi dell'*anonymous design*; nella rivista di Gio Ponti, con le sue attenzioni ai grandi architetti e designer e all'arte, un'apertura a un mondo nuovo che stava arrivando o era già arrivato.

Anche alla luce delle dichiarazioni di Sottsass sugli ultimi Saloni del mobile di Milano – a proposito dello sconfortante panorama salottiero-modaiol-mondano, al generale appiattimento del design e delle sue manifestazioni imprenditoriali, progettuali e culturali, che hanno spinto l'architetto a riproporre il valore di un modo vero e "reale" di dialogare fra industrie e designer, come era stato quello della tradizione italiana – piace riandare (e naturalmente incoraggiarne la lettura) ad alcuni suoi testi dell'immediato dopoguerra. Un primo sulla relazione fra progetto e produzione artigianale (pubblicato sul numero 38 del 1947 de "Il Politecnico" di Elio Vittorini); un secondo sul concetto di standard (sul numero 2 del 1949 di "Comunità" di Adriano Olivetti).

Entrambi sono riflessioni pregnanti, fondative e straordinariamente attuali.

In relazione alle esigenze del mercato del design contemporaneo, ripensare il rilancio di interi settori produttivi delle arti applicate, con una solida capacità di saper fare di qualità, è una chiave possibile (come ben insegnano i francesi) per i mercati del lusso o del *taylor made design*, insomma del progetto su misura. Diceva allora su "Il Politecnico": "... soltanto quando artisti e tecnici, artigianato e industria si saranno messi insieme per una collaborazione stretta e aperta, molte cose saranno risolte e con esse anche il 'problema' dell'artigianato"; e ancora, "l'artigianato prepara i modelli per l'industria e cioè vive a fianco dell'industria con funzione sperimentale".

Se pensiamo che la maggior parte degli oggetti che usiamo – al di là del cancan mediatico attorno ai designer star, all'emotional design ecc. – in realtà è per noi anonima dal punto di vista del progetto, forse può aiutare rileggere qualcosa *d'antan* su standard e serie. Ad esempio, ciò che Sottsass scriveva su "Comunità": "... una forma Standard è un'opera d'arte immaginata e concretata non da un individuo ma da una somma di individui, da un popolo e dall'umanità intera, quando quel popolo e quella umanità riescono a trovare un ritmo concorde di vita; quando cioè quello che si dice civiltà (nel senso di cultura) non sia una costruzione di pochi dominatori e di tanti altri dimenticati".

Standard and Handicraft in Writings of the First Post-War Period

Alberto Bassi

Ettore Sottsass jr's activity has always consisted of different aspects. It has had to do with projecting and it has also had a cultural and an intellectual side in a broad sense.

For example, he is one of the architects and designers who has published most about design, but not only, in different kinds of journals. With respect to others, his production is characterised by a deliberate understatement resulting from an apparently simple and colloquial style, always aiming, however, at discussing hot issues of the design culture and of our society. Almost never does he write pensive essays. Rather, his writings resemble accidental ideas on episodes, situations, things seen during his journeys, during exhibitions and so on.

Initially, the reader is amazed by the topic–why is he talking about it? Then you are intrigued by the narration and by its style. Finally, you realize that you have come up with a thought or an emotion. Sometimes a picture, which is more than an editorial, may be enough to produce such an effect.

It is not rare to find Sottsass's articles in Italian design journals and to be always surprised by them. Some of his articles have been collected in a nice volume by Neri Pozza a few years ago. I remember that once I was surprised to read an article of his published in *Domus* in the mid 1960s about the graphics of tissue-papers used to wrap oranges. Those were the years of pop culture on the one hand, of speculation on spontaneous culture on the other, and then they were the years of anonymous design. The journal was that of Gio Ponti, interested in great architects and designers and in art, open to a new world that was forthcoming or that maybe was already there.

I feel it is important to bear in mind some of Sottsass's writings of the first post-war years, also in the light of his opinion on the last "Salone del Mobile di Milano" exhibitions. In Milan he was struck by the depressing frivolous-trendy-vain scenario, where the design and its enterpreneurial, projectual and cultural demonstrations were levelled out–for which reason architects felt the need to stress the importance of a true dialogue between industries and designer, as it had been in the Italian tradition. The first text I would like to mention is the one on the relation between project and handicraft production, published in Elio Vittorini's *Il Politecnico*, no. 30, 1947. The second one is on the concept of "standard," published in Adriano Olivetti's *Comunità*, no. 2, 1949.

Both of them are fundamental, significant and stunningly topical meditations.

As it is the French's experience, bearing in mind the needs of today's market and design it is possible to relaunch entire productive sectors of applied arts with a sound quality capability, to meet the criteria of the luxury sector and of tailor-made design. In *Il Politecnico* he said "... only when artists and technicians, handicraft and industry strictly and openly cooperate, will many issues be solved and, with them, the handicraft 'problem.'" And then he added "handicraft makes models for industry, that is, it lives beside industry with an experimental function."

If we think that, apart from the fuss made by the media around designer stars, emotional design etc., most of the objects we use have an absolutely anonymous design, it may be of use to reread some old-style thoughts on standard and series. For example, Sottsass wrote in *Comunità*: "... a standard form is an imagined work of art, made concrete not by an individual, but rather by a whole of individuals, by a people and by the whole of humanity, whenever that people and that humanity manage to share a rhythm of life. That is, when what we call civilization in a cultural sense is not the work of a few rulers and many neglected."

Gli interessa poco pensare al futuro, perché la vita non è determinata dai programmi. Fa finta di non sapere che in tutto il mondo copiano il suo lavoro.
Le culture che cita sono poco orga-

nizzate, non ancora intellettualizzate, oppure antichissime. Ama le architetture classiche, le città-tempio, i grattacieli. Il suo ruolo storico è quello di aver aperto il primo contraddittorio culturale, operativo e linguistico ai modelli del funzionalismo, di essere divenuto il perno attorno a cui hanno gravitato tutti coloro che cercano una architettura più libera. Per lui progettare non è questione di ideologia, di ortodossia, ma è un fenomeno sensitivo, una ricerca d'identità.

Gli ho sempre voluto molto bene.

Ettore Sottsass
Alessandro Mendini

He is not interested in speculating on the future, as life is not determined by plans. He pretends he does not know that his work is copied all over the world.

Cultures cited by him are either little organized, not yet intellectualized or very ancient. He is fond of classical architectures, temple-cities, skyscrapers. His historical role is that of challenging the models of functionalism for the first time from a cultural, operative and linguistic point of view and that of becoming the pivot around which all those in search for a freer architecture have gravitated. To design is not a matter of ideology or orthodoxy to him. It is a sensitive phenomenon, a search for identity.

I have always been very fond of him.

Franco Raggi: “Vorrei sapere perché” è un titolo tuo?

Ettore Sottsass: Mi sembra di sì. Io ho sempre una posizione di dubbio di non certezza di fronte alle cose. Non so mai

bene perché succedono, non so neanche perché disegno, tu sai perché disegni? Un bel giorno hai deciso di fare l'architetto ma il perché vero di queste decisioni non si trova e forse non serve neanche trovarlo e allora mi chiedo: "Perché vogliamo sapere perché? Cosa vuoi sapere?"

FR: Non ho delle domande ho una lista di parole; io te le dico e tu mi dici cosa ti viene in mente.

ES: Ho capito... è come se l'intervista me la facessi da solo. Dimmi la prima.

Precisione

Bisogna stare attenti con questa parola "precisione", sembra positiva ma può essere negativa nel senso che la precisione deve essere sempre il risultato di un pensiero misterioso. Io discuto per sere intere su questa terrazza con mio cognato Guido. Lui è un ingegnere. Ha una mente da uomo preciso. Qualsiasi cosa succeda ti vuole dare la spiegazione. "Perché oggi non si vede il vulcano? Perché c'è la nebbia e l'aria calda dal basso... e la condensa". A me basta il fatto che oggi non si vede il vulcano. Oppure: ieri sera si chiedeva come mai il motore a scoppio non fosse stato inventato prima... tutto era lì pronto e nessuno ci pensava. "Ma cosa te ne frega?" dicevo. Le cose succedono sia per necessità sia per caso. Non serve essere troppo precisi.

Ombra

La parola ombra mi piace molto perché "ombra" vuole dire in certo senso mistero, incertezza. Certo l'ombra non è l'oscurità. Ma nell'ombra succedono cose misteriose ed è l'ombra che ci dà la dimensione dello spazio. Mi sono accorto che quando faccio un disegno anche piccolo, supponi di una sedia, una stupidaggine qualunque, io metto sempre l'ombra. Se non disegno l'ombra non c'è la terza dimensione. Non per fare paragoni ma anche Picasso le metteva. Poi ci sono superfici, monumenti, architetture, che sono fatti di ombre, tu puoi vederli guardando le ombre.

Luce

Non è il contrario dell'ombra... credo, ed è importante che non ce ne sia troppa. È ancora una volta il problema di permettere ambiguità, di non dare definizioni. Non ho mai pensato alla luce da sola.

Peso (spessore)

È una parola che penso insieme alla parola spessore. Una volta avevo disegnato alcuni oggetti per una ditta che produceva alluminio anodizzato. Mi sono accorto che non interessavano a nessuno, perché non avevano peso. Poi bisogna distinguere: c'è il peso fisico che è un numero e c'è il peso concettuale. Io per esempio ho la tendenza a fare i pilastri molto grossi, più grossi di quello che serve. Credo sia perché quando ho cominciato a disegnare, subito dopo la guerra, c'era l'idea forte del funzionalismo e io non ero tanto d'accordo con questa idea, perché di nuovo era un tentativo di spiegazione razionale del mondo. Per i funzionalisti questo tavolo prima che un peso ha delle dimensioni. Per me questo tavolo ha prima un peso e poi delle dimensioni. È una mia personale fissazione aumentare gli spessori per dare più peso e più presenza, e se hai notato, sotto le cose metto sempre una base, anche piccola, perché la base ti solleva un poco dalla quotidianità, dà un senso di stabilità, cambia la relazione con le cose intorno. Come i pittori: quando mettono le cornici ai quadri lo fanno per creare uno spazio calmo attorno all'opera... credo.

Materia

Mies van der Rohe nel Seagram Building ha voluto i serramenti di bronzo, hai capito? Di bronzo scuro pesante... perché questi serramenti di alluminio non ci sono, non so come dire... Non è solo un problema di colore, è che le materie hanno un peso che si sente, non li posso neanche guardare questi serramenti di alluminio. Meglio piuttosto dei serramenti di legno belli spessi con i doppi vetri, come quelli che disegnava mio padre a due battenti, allora senti che c'è il serramento. C'è accidenti!

Religione

Non sono mai stato religioso. Non mi piace la religione, mi piace la sacralità. Non mi piace la religione quando diventa istituzione, istituto religioso, sistema di potere. Oggi sempre più le guerre si fanno per motivi di religione, non di religiosità, perché ci sono dei capi, dei gruppi di capi, che si sono autonominati tramite con dio e che portano all'odio e allo scontro. Preferisco la parola religiosità perché riguarda un atteggiamento, una disposizione, un fatto individuale, libero, perché anche un bicchiere di caffelatte alla mattina può diventare un momento di concentrazione, di ringraziamento, di gioia: può diventare un momento religioso. Io lo chiamo "sacro". Quando ero bambino, andavamo a mangiare da mio nonno e ricordo questa povertà dignitosa molto austriaca. Si mangiava una minestra di farina abbrustolita e acqua, una cosa poverissima, ma il nonno prima di iniziare recitava una preghiera di ringraziamento. Era una cosa così speciale che la ricordo ancora adesso e ai tempi avevo forse meno di tre anni.

Mestiere

Mio nonno faceva il falegname a Innsbruck. Scolpiva statue di legno per gli altari dei piccoli paesi. Era scultore, ma era falegname ed era così fiero del suo mestiere che prima di uscire dalla bottega alla sera si buttava sul vestito dei trucioli di legno.

Culture

Sono curioso delle altre culture. Per questo ho viaggiato molto, ho letto molto, ho guardato molto. Ho anche fotografato molto: per sapere, per conoscere cosa c'è al di là del muro del mio giardino. Conoscere allarga, apre la tua visione. Oggi c'è paura verso le altre culture, perché diventano blocchi di pensiero, blocchi sociali che ti portano via spazio. Ma dipende. A me per esempio la cultura indiana non ha mai portato via spazio e neanche in generale la cultura orientale. Le cose diventano pericolose quando queste architetture di pensiero diventano istituzioni, si organizzano per difendersi o per prevalere. È pericoloso perché quando c'è una istituzione, c'è un capo, che si organizza con altri capi. A quel punto tutto diventa molto pericoloso. A me non piacciono i capi, i capi in assoluto sono molto pericolosi. Però ho molto rispetto per i capi gentili, per i capi pazienti, per i capi che hanno paura di essere capi.

Scuola

Non ho mai voluto insegnare, non mi piace la posizione di chi insegna, non mi piace la scuola.

Denaro

Più cerchi il denaro più il denaro ti sfugge. Il denaro è come un'amante. Se fai finta che non ti interessi ti viene dietro. Credo di averne usato molto ma di averlo cercato poco. È così. Se non ci pensi troppo arriva.

Poi c'è il denaro vero, quello personale, i soldi e c'è quello astratto, immateriale della finanza che io non capisco mai da dove arrivi e dove vada e di cosa sia fatto. Da ragazzo avevo il libretto di risparmio: era fatto a fisarmonica con tutte le righe per scrivere i miei depositi, ma non mi fidavo tanto della banca.

Scrittura

Naturalmente si pensa che la scrittura abbia a che fare con la parola, ma per me la scrittura è soprattutto una immagine. Le lettere sono figure. Io cerco di scrivere in modo che la scrittura sia come un pezzo d'arte, che l'immagine della scrittura comunichi già un modo di pensare. Poi sono interessato a scrivere, a raccontare le cose che mi sono successe. Mi piace raccontarle con una scrittura quasi da strada. Detesto la scrittura letteraria ricercata. Per esempio non uso mai il passato remoto, perché ti fa entrare in una zona letteraria distante, di nuovo istituzionale, posata… non so come dire.

Avanguardia

È una parola di quelle bestiali. Ce l'ho un po' con la parola "avanguardia". A me non interessa niente l'avanguardia quando si definisce tale. Non mi interessa che qualcuno pensi di essere avanti. Quando facevamo Memphis, ci chiedevano quale rivoluzione volessimo fare. Ci trattavano da "avanguardisti", appunto. Ma tu sai bene che non eravamo avanguardisti. Eravamo dei disgraziati che pensavano di vedere che cosa succede a progettare con cose nuove, con materie nuove, a provare a non fare del design elegante.

Ci piaceva la parola "provare" perché è possibilista. Mentre le avanguardie... Per esempio ai tempi della Global Tools, prima di Memphis, c'erano i toscani, che erano sempre incazzati. Volevano fare le cose contro qualcuno, contro qualcosa, mentre a me interessava la curiosità di mettere insieme le lacche, i legni, i laminati, le lamiere, i colori, in fondo non c'era volontà aggressiva. C'era curiosità. La curiosità è innovativa. Cubisti, astrattisti per me non sono avanguardie. Appartengono allo svolgimento di un pensiero miracoloso che riguarda una idea diversa del colore e una idea diversa della superficie, della composizione. L'idea che la pittura non deve più occuparsi dell'"incarnato", che può essere bidimensionale e non prospettica. Come erano per esempio la pittura giapponese e quella cinese: ambedue usano l'assonometria, un punto di vista più astratto, più distaccato.

Eleganza

Quale eleganza? L'eleganza dell'operaio, quella del contadino, quella di un cretino, quella di una donna bellissima? Non so come dire, ma l'eleganza è equilibrio di poche cose o di una sola. La moglie di mio nonno tutti i giorni in casa lavava il pavimento di legno con acqua e sapone. Lo lavava tutti i giorni e il pavimento aveva preso un profumo che quando arrivavi capivi che eri a casa. Quello era un arredamento molto elegante.

Borghesia

Cosa ti posso dire? Questa parola "borghesia" riguarda tutti. Io sono un borghese, tu sei un borghese. Non sono un aristocratico, né un contadino. Quello che non mi piace sono i borghesi che comandano, quelli che se hanno un servitore, invece di chiedere "per favore, portami il vino" dicono bruschi "portami il vino!". Tutti noi comandiamo qualche cosa. Anch'io comando qualche volta ma vorrei che il comandare potesse essere anche un atteggiamento gentile.

Colore

Per me il colore è come la parola. I colori sono parole. Si raccontano storie con i colori e i colori raccontano storie. Per anni "le signore" si sono vestite di nero. Si vestivano di nero, perché è molto difficile e complesso scegliere colori e del resto l'industria non produceva colori. Così la grande eleganza nel vestire è stata consegnata al nero. Mentre per esempio in fotografia io uso poco il colore perché il colore sulla carta fotografica è un colore "meccanico". Questo conta anche per il colore che esce dai computer.

Industria

Lo so che sembra strano ma io non sopporto gli industriali. Non sopporto come l'industriale si rapporta con il mondo. E io devo a un industriale la mia vita. Quando quarant'anni fa sono stato molto malato, Roberto Olivetti mi ha salvato, si è occupato lui di persona di farmi ricoverare in America, di farmi fare il passaporto, eccetera eccetera. Ha fatto per me cose che non avrebbe fatto nemmeno un parente. Forse Olivetti non era nemmeno un industriale. Forse era un umanista, un produttore di manufatti, senza aggressività verso il mondo, senza la pretesa di volerlo conquistare. Cercava di agire attraverso l'industria per migliorare un poco i rapporti tra le persone. In generale invece un industriale, grande o piccolo, ha una forma di presunzione che non mi piace. Mi pare che gli industriali pensino che l'industria sia il centro, che il mercato sia il centro, che espandersi coincida con il progresso. Ma qualche ingegnere geniale ha inventato il frigorifero, non loro. Uno come Ford ha inventato l'automobile, non quelli che oggi le fanno a milioni, tanto che non ci possiamo più muovere. Così una invenzione pensata per muoversi ci sta invece paralizzando. Non c'è misura nell'avidità dell'industria, ma questa avidità è anche il suo destino. Se un editore stampa un libro, si trova poi con metri cubi di carta e li deve vendere e deve escogitare tutti i trucchi possibili per sedurti a comprare, a fare in modo che tu ne abbia bisogno. È questo ciclo invertito: produrre, vendere, consumare qualsiasi cosa, che trovo insopportabile.

Design

Cosa mi importa del bel design di un frigorifero, del frigorifero mi importa il freddo che fa. La commedia che fanno in questi tempi sul design a me sembra molto acida, perché giustificano altre cose con questa idea che il design appartiene all'estetica e storie di questo genere. Ci sono stati momenti, rari, nei quali il design zitto zitto sentiva questa responsabilità verso il pubblico, verso la società. Roberto Olivetti sentiva questa responsabilità. Sentiva che l'industria aveva questa responsabilità morale e lavorava con ingegneri, urbanisti, architetti e designer, perché pensava che l'industria potesse fare qualcosa di più che produrre. Pensava che fosse importante avere immaginazione.

Modernità

Penso che molti mali della modernità vengano da una frase, da una parola: "È comodo!" È tutto comodo. L'automobile è comoda, l'aria condizionata è comoda, il telefonino è comodo, l'autostrada è comoda, la televisione è comoda, le banche sono comode. Però tutto è anche scomodo, perché quello che producono è scomodo, l'inquinamento è scomodo, i morti sulle strade, la criminalità diffusa, la violenza sulle donne. Non ricordo, da quando sono nato, tanta violenza intorno a noi: violenza contro la persona umana, contro il corpo umano, che non viene più considerato. La modernità dovrebbe essere osservata, coltivata con più cura. E allora ti chiedi perché. Perché metà del pianeta è senza acqua, perché il terrorismo assassina duecento persone al giorno, perché la borsa sale e scende, perché un quotidiano deve avere dieci pagine di politica, dieci di violenze e il resto calcio, perché la televisione è così volgare? Ecco. Vorrei sapere perché.

Assoluto

Non puoi parlare dell'"assoluto", come non puoi parlare della "verità". Come non puoi parlare della "eternità". Ci sono parole che riferiscono di qualcosa che non c'è, che non può essere descritto. Non c'è l'Assoluto perché se ci fosse diventerebbe subito relativo come tutto quello che vediamo e viviamo. Io ho trovato una soluzione per queste parole, in particolare per l'"estetica". Sai quando dici: "Questo è bello, questo è brutto", eccetera. L'estetica è una convenzione tra gruppi umani, nazioni, tribù, gallerie d'arte, nella quale si decide che quella cosa lì ha un valore, appunto convenzionale. L'importante è mettersi d'accordo. La verità è un'altra cosa.

I Wonder Why. Ettore Sottsass's Thoughts Collected on a Terrace in Filicudi (Sicily), 29 August 2007

Franco Raggi

Franco Raggi: "I wonder why." Is this a title of yours?

Ettore Sottsass: I think so. I have always been in a position of doubt, of no certainty before anything. I never quite know why things happen. I do not know why I draw. Do you know why you draw? One day you have decided to become an architect, but the reasons behind such decisions cannot be found, and perhaps it would be of no use to find them. Therefore I wonder: why do we want to know why? What do you want to know?

FR: I do not have questions. I have a list of words. I will mention them to you and you will tell me the first thought that comes to your mind.

ES: Fine... it is like I interviewed myself. Tell me the first word.

Precision

We need to be careful about the word "precision." It sounds positive, but it may be negative in the sense that precision should always be the result of a mysterious thought. I spend long evenings arguing with my brother-in-law Guido on this terrace. He is an engineer. His mind is that of a very precise man. He wants to explain everything that happens. "Why can't we see the volcano today? Because of the fog, and of warm air coming up from the bottom... and of condensation..." For me it is enough to know that today I cannot see the volcano. Yesterday evening he was wondering why nobody had invented the internal-combustion engine before. It was all there, just nobody thought about it. I said "What does it matter?" Things happen both by necessity and by chance. We do not need to be more precise.

Shade/Shadow

I like the word "shade" very much also because it means something like mystery, uncertainty. Shade is not darkness, of course, but mysterious things happen in it and it is shade that gives us the dimension of space. I have realized that when I draw something, even something very small, a chair for example, I always draw its shadow. If I do not draw shadows, the third dimension is not there. I would not like to make comparisons, but Picasso also always used shadows. Surfaces, monuments, architectures are all made of shadows. You can see them looking at their shadows.

Light

It is not the opposite of shade... perhaps. There should never be too much of it. It is the same old problem of allowing ambiguity, of not giving definitions. I have never thought of light alone.

Weight (Thickness)

It is a word that I always think together with "thickness." Once I drew some objects for a firm producing anodized aluminium. Then I realized that nobody was interested in them because they had no weight. There is physical weight, which is a number, and there is conceptual weight. For example, I tend to draw very big pillars. Much bigger than needed. I think the reason is that when I started to draw, just after the War, functionalism was very strong. I did not agree with it very much, because it was just another try to explain everything rationally. According to functionalists, this table has dimensions first and then a weight. It is my personal fixed idea to increase thickness to give more weight and presence. You may have noticed that I always put objects on bases, even though they may just be small. A base lifts you above the daily routine. It gives you a sense of stability and changes the relation between you and the objects around you. Just like painters. When they frame a picture they want to create a calm space around their works... I suppose.

Matter

Mies van der Rohe wanted bronze doors and windows in the Seagram Building. Do you understand? Heavy, dark bronze... These aluminium things are just nothing... How can I put it? It is not just a question of colour. Materials have a weight that you can feel. I cannot even look at these aluminium doors and windows. Nice and thick wooden windows with double glazing are much better, just like the folding ones my father used to draw. There you can feel the window. It is there, for Heaven's sake!

Religion

I have never been religious. I do not like religion. I like sacredness. I do not like religion when it becomes religious institution and system of power. Today more and more wars are fought because of religion, not because of religiousness, but because there are leaders and groups of leaders, who have elected themselves mediators with God, which just leads to hatred and conflict. I prefer the word "religiousness" because it has to do with an attitude, a disposition, something individual and free. Even a cup of cappuccino in the morning can become a time for meditation, for thanksgiving, a time of joy. It can become a religious time. I call it "sacred." When I was a child we used to have lunch with my grandfather. I remember that dignified poverty, which was so typical of Austria. We would eat a soup made of roast flour and water. It was all very poor. However, my grandfather always said a prayer of thanksgiving before starting to eat. It was something so special that I still remember it, even though I was perhaps less than three.

Job

My grandfather was a joiner in Innsbruck. He made wooden statues for the churches of some small towns. He was a sculptor, but he was a joiner, and he was so proud of his job that before going out of his studio in the evening he would always put some wood shavings on his clothes.

Cultures

I am curious about other cultures. That is why I have travelled, read and looked around a lot. I have also taken many pictures to know, to see what is beyond the wall of my garden. To know broadens, it opens your visual horizons. Today we are afraid of other cultures because they become blocks of thought, social blocks that subtract space from you. But it depends. The Indian culture, for example, has never subtracted space from me, and neither has the oriental culture in general. Things get dangerous when such architectures of thought turn into institutions and set up an organization to defend themselves or to prevail. It is risky because when there is an institution there is a leader who makes agreements with other leaders. Then it is very dangerous. I do not like leaders. They are very dangerous. But I do have great respect for kind leaders, for patient leaders, for leaders who are afraid to be leaders.

School

I never wanted to teach. I do not like the position of teachers. I do not like school.

Money

The more you look for money, the more it runs away from you. Money is like a lover. If you pretend you have no interest in it, it will run after you. I think I have used it a lot, but I have looked for it little. That is it. If you do not think about it too much it gets to you. There is real money, the personal one, coins and banknotes. There is also abstract money, the immaterial one of finance, which I have never quite understood where it comes from and where it goes and of what it is made. As a boy, I had a savings book. It was shaped like an accordion with all the lines to write my deposits. But I did not trust the bank very much.

Writing

Naturally we think that writing has to do with words. To me, however, writing is mainly an image. Letters are pictures. I try to write as a work of art, try to communicate a way of thinking just out of the image of writing. I am also interested in writing, in telling what has happened to me. I like to use a language that is almost slangy. I hate refined literary writing. For example, I never use the simple past in Italian because it puts you into a distant literary zone that, again, is institutional, composed… How can I put it?

Avant-garde

It is a horrible word. I am really against the word "avant-garde." I am really not interested in avant-garde when it refers to itself as such. When we worked on Memphis we were asked which revolution we wanted to do. They regarded us as "avant-gardistes." We were just some wicked ones who wanted to see what would happen projecting something new with new materials, trying not to do some elegant design. I liked the word "try" because it is open to possibilities. Avant-gardes on the other hand… For example, at the time of Global Tools there was the Tuscan order. Those guys were always pissed off. They wanted to act against someone and against something, whereas I was just interested in putting lakes, woods, laminates, plates and colours together. There was no aggressiveness in it. There was curiosity. Curiosity is innovative. Cubists, abstractionists and the like are not avant-gardes to me. They just belong to the enrolling of a miraculous thought regarding a different idea of colour, of surface and of composition. It has to do with the idea that painting should not be interested in the "incarnated" anymore and that it can be two-dimensional and not in perspective. Just like in Japanese and Chinese painting, for example. There they use axonometric projection, a more abstract and detached point of view.

Elegance

Which elegance? That of the worker, that of the peasant, that of an idiot, that of a beautiful woman? How can I put it? Elegance is a balance of few things or maybe of only one. My grandfather's wife used to wash the wooden floor everyday with water and soap. She would do it everyday, and in the end the floor had such a scent that when you got in you could tell you were home. That was a very elegant furnishing.

Middle-class

What can I say? The word "middle-class" talks about us all. I belong to the middle-class, you belong to the middle-class. I am neither a nobleman nor a peasant. What I do not like is people of the middle-class who rule. The ones who tell their servants "bring me some wine!" instead of asking "bring me some wine, please." We all have power on something. I have power on something too, sometimes, but I wish power could also be a gentle attitude.

Colour

Colour is like a word to me. Colours are words. We tell stories with colours and colours tell stories. "Ladies" have been wearing black for years. They wore black because it was very difficult and complicated to choose colours. Besides, the industry did not make colours. Therefore, great elegance when dressing has been associated to black. In photographs, on the other hand, I do not use colours much because colours are "mechanical" there. The same is true for colours in computers.

Industry

I know it may seem strange, but I cannot bear industrialists. I cannot bear the way industrialists relate to the rest of the world. I owe my life to an industrialist. Forty years ago I was very sick and Roberto Olivetti saved me by taking personal care of having me hospitalized in America, of getting a passport for me and so on and so forth. He did something for me that not even a relative would do. Maybe Roberto Olivetti was simply not an industrialist. Maybe he was a humanist, a handicraft-maker, with no aggressiveness on the world, with no will to conquer it. He tried to act through industry to improve the relations between people. Whereas usually big and little industrialists have a kind of presumptuousness that I dislike. It seems to me that industrialists think industry is the centre, the market is the centre, to expand means to improve. However, it was some genial engineer who invented the fridge. Someone like Ford invented cars, not those who nowadays produce them in millions, with the result that we cannot move anymore. This way, what had been invented to make us move has ended up paralyzing us. There is no limit to the greediness of industry. Greediness is its destiny too. If a publisher prints a book, then he finds himself with cubic meters of paper on his desk and he has to sell them and he has to find all the possible tricks to seduce you and have you buy them, and have you need them. It is this inverted cycle–to produce, to sell, to consume anything–that I find unbearable.

Design

What does it matter if my fridge has a nice design? What matters in my fridge is how much it cools. All the fuss that is being made these days around design sounds very caustic to me. The use of ideas such as that design belongs to aesthetics to justify something else. Sometimes, rarely, design felt it had this responsibility towards the public, towards society. Roberto Olivetti felt this responsibility. He felt industry had this moral responsibility and he worked with engineers, city planners, architects and designers. He thought industry could do something more than producing. He thought it was important to be imaginative.

Modernity

I think many ills of modernity come from a phrase, from a word "it is comfortable." Everything is comfortable. Cars are comfortable, air-conditioning is comfortable, mobile phones are comfortable, motorways are comfortable, TVs are comfortable, banks are comfortable.

At the same time, however, everything is not comfortable, because what they produce is not comfortable. Pollution is not comfortable, car accidents, criminality, violence on women. As far as I remember, I have never seen so much violence. Violence against human persons, against human bodies that are not considered anymore. Modernity should be observed and cultivated with greater care. Then you wonder why. Why is half of our planet without water? Why does terrorism kill 200 people per day? Why does the stock exchange rise and plummet? Why do newspapers have ten pages about politics, ten about violence and the rest about football? Why is TV so vulgar? That is it. I wonder why.

Absolute

You cannot speak of the "absolute," the same way as you cannot speak of "truth." The same way you can not talk of "eternity." There are words that refer to something that does not exist, that can not be described. There is no Absolute, otherwise it would immediately become relative, just like everything we see and live. I have found a solution for these words, especially for "aesthetics". You know, when you say "this is beautiful, this is ugly" etc. Aesthetics is a convention between human groups, nations, tribes, art galleries, where it is decided that something has a value, a conventional value. What matters is to agree on it. Truth is something different.

Hans Hollein

"Sottsass è un mago. Senza Sottsass la nostra vita sarebbe incolore". Presto verrà inaugurata a Trieste una mostra su Ettore Sottsass. Trieste, una città che presenta alcuni pa-

rallelismi con la vita di Sottsass. Trieste, che da principale porto dell'impero austriaco piombò in un turbine di vicende che per passi successivi la portarono all'indipendenza, e che ora fa parte del territorio italiano. Sottsass, figlio di un *Kaiserjäger* austriaco della Prima guerra mondiale, figura di spicco nella scena culturale italiana con opere di importanza mondiale.

La mostra di Trieste evidenzierà la vastissima gamma dei suoi argomenti e dei suoi lavori.

Ettore riesce come nessun altro a raccontare storie attraverso oggetti e architetture. Nei suoi progetti si leggono i numerosi viaggi che ha affrontato e che negli ultimi anni lo hanno portato prevalentemente in Cina.

Sempre aperto a tutte le impressioni che il mondo può dare, Sottsass ha sviluppato idee radicalmente nuove anche in settori come il disegno industriale. È un pensatore visionario, un poeta, un instancabile esploratore. Un uomo che ha anticipato i temi più importanti per cambiare il nostro modo di vivere e che ha così contribuito a una più estesa visione del design e dell'architettura.

La sua inventiva e la sua bravura come designer si sono accumulate nel movimento Memphis che rappresenta, a mio parere, il cambiamento più importante nella cultura visiva degli oggetti nella seconda metà del XX secolo. Ettore mi ha chiesto di unirmi a Memphis fin dai suoi albori, e così ho partecipato all'inizio di una nuova era.

Ettore è anche un fotografo. Le immagini sono tutte conservate nella sua mente e pronte per essere liberate al momento giusto. Una volta Ettore diede a mia moglie un disegno con raffigurata Elena reclinata indietro e Paride proteso su di lei. Anni dopo, in un libro con alcune immagini dei suoi viaggi, ho trovato una foto di un muro che recava la stessa scena dipinta sulla facciata di una casa. Questo è il modo in cui Ettore ci fa entrare nella sua vita.

Hans Hollein

"Sottsass is a magician.
Without Sottsass our life would be colourless".

Ettore Sottsass now has an exhibition in Trieste. Trieste–a city which parallels situations in the life of Sottsass. Trieste–being the most important harbour for the Austrian Empire–then thrown into a turmoil of steps of independence to now being an Italian territory–Sottsass's father being an Austrian *Kaiserjäger* in the First World War, his son now a major figure in the Italian cultural scene with a work of global importance.

The exhibition in Trieste will show the enormous range of his topics and work.

Ettore tells stories through objects and buildings like no one else. His extensive travelling–in the last years mainly through China–can be read out of his design.

Always open for all the impressions the world has to give, Sottsass has developed radically new ideas even in a field such as industrial design. He is a visionary thinker, a poet, a restless explorer–a man who has anticipated the most important issues for changing the way we live and as such has contributed to an extended vision of design and architecture.

His inventory and designing capacity cumulated in the Memphis-movement, in my opinion the most important change in the visual culture of objects in the second half of the 20th century. Ettore invited me to join Memphis when it all started–and so I participated in the birth of a new era.

Ettore is also a photographer.

You can tell that all his images are saved in his head only to be freed at the right moment. Ettore once gave a drawing to my wife Helene, showing a reclining Helena and Paris leaning towards her. Years later, in a book with images of his travels, I found a photograph of a wall that showed the same scene painted on a house façade. This is how Ettore integrates us into his life.

Roberta Meloni

Ho incontrato per la prima volta Ettore Sottsass nel 2003, nel suo studio in via Melone. Da molti anni ormai non c'era più alcun rapporto tra Poltronova e i suoi "progettisti

storici", quelli che l'avevano accompagnata dal suo nascere. L'azienda aveva visto, a partire dalla metà degli anni ottanta, l'avvicendamento di diverse gestioni. Alla fine del 2001 – mio figlio Boncudello aveva solo pochi mesi – avevo iniziato a cercare di gestire una situazione che in quel momento era davvero molto molto caotica. L'azienda aveva perduto la sua identità. Francesca Balena aveva iniziato nel 2000, per la sua tesi di laurea in architettura, un lavoro molto faticoso di ricostruzione dell'archivio storico che era durato più di un anno. Poltronova esiste da cinquant'anni e ha avuto molte identità, il lavoro sull'archivio mi ha permesso di rileggerne la storia, una storia discontinua, con facce diverse e diverse connotazioni: quella sperimentale innovativa degli anni sessanta, quella più tradizionale, quella del contract e della divisione ufficio, le collaborazioni con gli artisti... Bene o male ora mi rendo conto che, dall'inizio, forse in modo inconsapevole, io ho scelto una di queste storie: quella più sperimentale, che era poi quella che mi corrispondeva di più, e in questo senso mi sono mossa.

Ettore Sottsass è stata una delle prime persone che ho voluto ricontattare.

Penso che la Poltronova sia stata "fatta" da Sergio Cammilli e da Ettore Sottsass insieme. Sottsass ha lavorato con Poltronova dalla fondazione dell'azienda, nel 1957, fino alla metà degli anni settanta. Nel nostro archivio ci sono oltre cinquanta progetti realizzati, e altrettanti inediti. Qual era il suo ruolo? Nei cataloghi storici c'è una frase che spiega un po' tutto: "La generale consulenza estetica è affidata a Ettore Sottsass". Stiamo parlando dell'inizio degli anni sessanta e la parola "art director" riguardava le aziende "cittadine", per usare un termine dello stesso Sottsass, o forse neanche quelle.

Uno dei primi lavori di Sottsass per Poltronova è lo studio di un piccolo catalogo a schede della produzione, datato 1958. Allora l'azienda produceva solo poltrone e divani. Ettore propone un taglio grafico molto nuovo: nella stessa scheda il divano è fotografato da vicino, da lontano, in dettaglio. L'immagine appare spesso tagliata dal bordo del foglio, incompleta, eppure ne esce rafforzata. Il progetto di allestimento dello showroom Poltronova, pubblicato sulla rivista "Domus", è invece della metà degli anni sessanta: si tratta di un sistema di griglie mobili che dividono gli spazi. Il disegno di queste griglie è diventato poi motivo grafico in un successivo catalogo a schede. Nel 1965 Sottsass progetta una serie di mobili totem in legno, indiani e marziani insieme, e anche il catalogo per presentarli, bellissimo. I testi scritti per Poltronova poi sono un po' dei manifesti: spiegano chiaramente l'idea da cui nascono gli oggetti, l'origine di queste cose.

Con tutta questa storia alle spalle, non potevo non andare da lui.

Nel 2001 Francesca Balena lo aveva intervistato per la sua tesi di laurea e gli aveva raccontato di me e delle vicende più recenti. Credo che allora egli fosse molto amareggiato e arrabbiato nei confronti delle tante persone che negli anni si erano succedute alla guida dell'azienda e lo avevano totalmente ignorato. Io volevo mettere un punto a questa storia e voltare pagina. A mio parere non si può prescindere da una stretta collaborazione con chi progetta, quasi una comunione di idee, un'intesa nella visione dell'oggetto, ancora di più per chi riconosce al design un ruolo antropologico, sociale. Dovendo gestire un catalogo di oggetti già esistente, ereditato dalle precedenti gestioni, avevo inoltre la necessità di verificarne la completa corrispondenza al progetto originario. Così ho fissato un appuntamento e sono andata da Ettore a Milano insieme a Francesca che a quel punto si era laureata e collaborava con me. Quando mi sono presentata lui ha guardato me, poi Francesca e poi me – quegli sguardi che sembrano lunghissimi – poi con un mezzo sorriso ha detto: "Che coraggio avete! Del resto è giusto, siete giovani". Credo che in quel momento pensasse qualcosa tipo "ohi ohi poverette...", forse non davamo l'impressione di saper fare molto, io poi ero totalmente imbarazzata e moralmente mi facevo carico di tutto quello che era stato fatto prima di me, nel bene e nel male. Per fortuna con noi c'era anche l'architetto Gilberto Corretti di Archizoom, altro progettista della Poltronova degli anni sessanta-settanta, che oggi è un mio stretto collaboratore, curatore tra l'altro dell'aspetto filologico delle riedizioni. Loro si rivedevano per la prima volta dopo tanti anni: erano emozionati, tutti e due di poche parole, si sorridevano affettuosamente con lo sguardo eloquente degli introversi. Gilberto gli aveva portato un regalo: il modellino dei "Dream Beds", progetto del 1969 di Archizoom (quel progetto, mi ha spiegato, era scaturito dalla visione dei modellini dei "Superbox"). È stato un tuffo indietro di quaranta anni, ognuno dei due con i suoi ricordi, la sua parte di vita: un bellissimo momento, molto emozionante, per tutti. Non so, forse Ettore all'improvviso si è trovato coinvolto nel nostro spirito decisamente idealista e incosciente, che magari gli ricordava quello di tanti anni prima, poco legato alle leggi del marketing. Gli abbiamo consegnato l'estratto della tesi di Francesca, che conteneva tutti i suoi progetti per Poltronova, dicendo: "Con tutto questo non potevamo che venire qui", e lui ci ha risposto: "... e allora, che si fa, come vi posso aiutare?". Tutto questo mentre sfogliava le pagine con le immagini dei suoi oggetti... non se li ricordava tutti ma ogni tanto sorrideva e ci raccontava del progetto originale e di come l'azienda si fosse poi inventata le versioni parallele. A un certo punto si è fermato sulle immagini dei modellini dei mobili "Superbox" e ha detto: "Partiamo da qui". Credo che nessuno di noi sperasse tanto, un progetto così importante, era un grande regalo poter costruire per la prima volta quei box psichedelici un po' pompe di benzina un po' altari. Siamo usciti dallo studio con un bel sorriso ebete stampato in faccia, camminavamo sui ciottoli di via Melone a dieci centimetri da terra, a quel punto c'era solo da lavorare bene...

Il suo atteggiamento da allora è stato assolutamente benevolo, spesso preoccupato.

La prima cosa che abbiamo fatto insieme è stata la verifica della rispondenza al progetto dei suoi mobili allora in produzione. In catalogo era presente un tavolo in legno di palissandro con le zampe in tubo cromato. La descrizione era: "tavolo T, designer Ettore Sottsass, 1958". L'oggetto prodotto però non corrispondeva alle foto d'archivio. Decisi di spedire a Ettore un tavolo. Mi chiamò al telefono e mi disse: "Questo non è mio, così non lo riconosco". L'azienda aveva arbitrariamente "riletto" il progetto del 1958: il tavolo è stato tolto dal catalogo il giorno stesso, e questo per me è l'unico modo per lavorare...

Nel 2003 Ettore è venuto in Poltronova a vedere il prototipo del primo Superbox. Erano passati trent'anni forse dall'ultima volta che era stato in azienda, e per me aveva un enorme significato riaverlo lì con noi: avevo proprio il desiderio di fargli capire quanto valore aveva per noi tutta questa storia e quanto impegno ci stavamo mettendo. Siamo andate a prenderlo alla stazione di Firenze, io e Francesca, la mattina, era il 3 di dicembre e lui era con il suo assistente Milco Carboni, faceva freddo, credo, ma non me lo ricordo, ero troppo emozionata e non sapevo cosa dire e tutto era molto evidente. Allora lui ci chiese: "All'Osteria le fanno sempre le penne strascicate?", e quella frase mise tutto a posto.

Proprio una bella giornata: con Ettore, Gilberto, il falegname Pietro e il nostro gruppo un po' allargato per l'occasione... e le penne dell'Osteria.

Da allora ci siamo rivisti spesso e, come succede con lui, si parla sempre di molte cose.

Il pensare che faccia un po' il tifo per noi mi è servito tante volte... è una bella spinta.

Lo studio Sottsass mi aveva fissato l'appuntamento per l'intervista la mattina verso le dieci. Siccome arrivavo da Firenze, fissai una stanza d'albergo per la notte, per essere più riposata e rilassata, per non fare tardi. Ma proprio davanti alla finestra della mia camera, nell'alberghetto malmesso che avevo trovato, in una traversa di corso Buenos Aires, c'era un'insegna di circa due metri: la scritta "Hotel", a lettere cubitali, lampeggiava nella notte come si vede solo nei film americani.

Il giorno dopo non si trovava un taxi e la metropolitana era affollatissima: c'era una fiera, una delle tante che scandiscono la vita milanese.

Ettore Sottsass fu gentilissimo e molto paziente.

Mi dedicò più tempo di quanto lo studio mi aveva promesso facendo aspettare gli imprenditori di un'industria – un'industria di quelle famose – che nel frattempo erano arrivati. Questo mi colpì molto: ero solo una studentessa, loro invece erano persone "importanti".

Allora mi feci coraggio, e alla fine dell'intervista gli raccontai che la prima volta che ci eravamo visti – in realtà io avevo visto lui, lui aveva visto solo un gruppo di studenti tra cui ero anch'io – era stata alla Biennale di Architettura di Venezia del 1996, alla mostra "Radicals" di Gianni Pettena. Gli raccontai per filo e per segno tutto quello che lui ci aveva detto in quell'occasione. "C'est pas facile, la vie... non è facile la vita, ragazzi", era stata la sua frase di saluto, prima di scomparire nei giardini della Biennale. Lui mi guardò divertito, ma anche un po' preoccupato, e mi disse: "Lei è pericolosa, ricorda tutto. Dovrò stare attento a quello che dico... la prossima volta".

Roberta Meloni

I first met Ettore Sottsass in 2003, at his studio in Via Melone.

In the last few years Poltronova had not had any contact with its historical designers who had seen its birth. Since the mid 1980s, Poltronova had had many different administrations. At the end of 2001, when my son Benedetto was still an infant, I tried to handle a very chaotic situation. Poltronova had lost its identity. In 2000 Francesca Balena started a very cumbersome one-year-long research on the historical archives as part of her architecture thesis. In its fifty years of life Poltronova has had many identities. Working at its archives I have gone through its story, its discontinuous story with different faces and connotations. The innovative experiments of the 1960s, the more traditional phases, the time of contract and of office division, the collaborations with the artists... Now I realize that since its start I have unconsciously chosen its experimental face, which was what best suited me and within which I have acted.

Ettore Sottsass has been one of the first ones I wanted to contact.

I think it was Sergio Camillini and Ettore Sottsass who made Poltronova. Sottsass worked with Poltronova from its foundation in 1957 to the mid 1970s. In our archive there are more than fifty projects carried out and another fifty left on the paper. His role? In the historical catalogues there is a very explanatory sentence: "Ettore Sottsass is the aesthetic advisor in general." At the beginning of the 1960s, at least in Italy, the word "art director" regarded no less than big city firms.

One of Sottsass's first works for Poltronova was a small catalogue with forms dated 1958. At that time Poltronova only produced armchairs and couches. Ettore suggested entirely new graphics. In the same form a couch is photographed from close up, from far away, in detail... The image's border is often cut out. Even though incomplete, the image is strengthened. The design of Poltronova showroom's installation, published in *Domus*, dates back to the mid

1960s. It is made up of a system of shifting grills dividing up the space. The pattern of these grilles became a graphical motif in a subsequent catalogue. In 1965 Sottsass designed some furniture–"Totem" on the one hand and Indian and Martian at the same time on the other–and the catalogue to present them. It was beautiful. Texts written for Poltronova are striking. They clearly explain the idea behind objects, the origin of them.

After all this, I could not help going to him.

In 2001 Francesca Balena had an interview with him about her thesis and told him about the most recent events. I believe he was sad and cross at the same time because all those who had run Poltronova had ignored him completely. I wanted to change this. I believed that a close collaboration between designers and Poltronova was essential. It is important to share the designer's view about each object produced. It is particularly important if design is considered from an anthropological and social point of view. Since I was dealing with a catalogue of objects made before I started to manage Poltronova, I wanted to check that all those objects corresponded to the original project. Therefore I went to see Ettore Sottsass in Milan with Francesca, who by that time had graduated and was working with me. When we met him he looked at me, then at Francesca, then at me again, with that kind of look that seems very long. Then he said with a half smile: "You've got a nerve! Well, after all you are young..." I suppose he was thinking something like "Oh, my goodness, poor girls..." Maybe we did not give him a very positive impression of ourselves. Furthermore I was so embarassed and I felt the weight of past administrations on me, both in a positive and in a negative sense. I was glad Archizoom's architect Gilberto Corretti was there too. He was Poltronova's designer in the 1960s and 1970s. He now collaborates with me and curates reissues from a philological point of view. They were meeting again after years. They were moved, both of them at a loss for words, they smiled at each other in affection with a shy, meaningful look. Gilberto had a present for him. It was the "Dream Beds" model, designed in 1969 by Archizoom. As he told me, that project was born after seeing the "Superbox" models. It was a leap into the past. Forty years before. Each one had his own memories, his own life. It was a wonderfully touching moment for all of us. Perhaps all of a sudden Ettore was involved in our idealist and reckless spirit that might have reminded him of when he was younger and far removed from the laws of marketing. We gave him an extract of Francesca's thesis, containing all the projects he had made for Poltronova and said: "Having all this, we had to come here." He replied: "Then now what? How can I help you?" In the meantime he was flicking through his own projects. He did not remember them all. Sometimes he smiled and told us about the original project and of the way the firm had invented parallel versions. Then he stopped at the sight of the

"Superbox" furniture models and said: "Let's start from here." I think not one of us would have hoped for so much, such an important project. It would be wonderful for us to build those psychedelic boxes, a bit petrol pumps and a bit altars, for the first time. We went out of Ettore's studio with idiotic smiles on our faces, we felt so happy... All that we had to do at that point was to work well.

From that time on his attitude has always been benevolent and often worried.

First of all we checked that his furniture in production corresponded to the original project. In the catalogue there was a palisander table with chromium-plated tubular legs. Its description was "T table, designer E. Sottsass, 1958." The object produced, however, did not correspond to the archived pictures. I sent Ettore a table and he called to say: "This is not mine. I do not recognize it." Poltronova had arbitrarily re-interpreted the original project. As a result, that table was taken out of the catalogue that same day. This is the only way I want to work.

In 2003 Ettore came to Poltronova to see the first "Superbox" prototype. It was maybe thirty years since he had last come and his visit had a great value for me. I really wanted to show him how important this collaboration was for us and how much effort we were putting into it. Francesca and I went to pick him up at the Florence train station. It was the morning of December 3rd. His assistant, Milco Carboni, was with him. It was cold, I think, but actually I do not remember. I was thrilled and did not know what to say and my feelings were clear to everybody. Then he asked me: "Do they still cook *penne strascicate* at the Osteria?" That sentence settled everything.

It was a beautiul day. Ettore, Gilberto, Pietro the joiner, our group that had been increased in number for the occasion, and the *penne strasicate*.

Since then we have met on numerous occasions and we have talked about many things.

To think that he wishes us luck has helped me many times... It is a good helping hand.

Sottsass's studio had set my interview at 10 am. Coming from Florence, I had booked the hotel for the night before to be more relaxed and not to be late. Unfortunately, however, right in front of my window of that shabby old guesthouse near Corso Buenos Aires there was a two-metre long sign. The very large letters forming the word "Hotel" were blinking in the night as happens only in American films.

The following day I could not find a taxi and the underground was extremely crowded. There was one of the many fairs that Milan hosts every month.

Ettore Sottsass was very kind and extremely patient.

He allowed me more time than his studio had promised and kept some important enterpreneurs waiting. This struck me because they were important people while I was only a student.

I took fresh heart and at the end of the interview I told him about the first time we had met – actually only I saw him, whereas he just saw a group of students, and I was one of them. It was at the Venice Biennale in 1996, at the "Radicals" exhibition curated by Gianni Pettena. I told him exactly everything that he had told us. "C'est pas facile, la vie… life is not easy, my dear," was his goodbye before disappearing into the gardens. He looked at me amused and a little worried and told me: "You are dangerous, you remember everything. I must be careful with what I say… next time."

Intervista a Ettore Sottsass (Milano, 6 giugno 2001)
di Francesca Balena Arista

Francesca Balena Arista: Com'è iniziato il suo rapporto di collaborazione con Poltronova?
Ettore Sottsass: Come credo di aver scritto da qualche parte, la mia storia con

Poltronova è iniziata nel 1956-1957. Nel 1956 sono stato negli Stati Uniti, ed ero più o meno senza lavoro sia quando sono andato sia quando sono tornato. Quando sono tornato mi ha chiamato l'artista Agenore Fabbri e mi ha detto: "Senti, c'è una ditta qui in Toscana che si chiama Poltronova che vorrebbe qualcuno che gli disegni dei mobili". Questo naturalmente mi ha subito entusiasmato perché non avevo lavoro, e ho detto: "Va bene, facciamo qualcosa! E sono andato a trovare questa Poltronova, che allora era proprietà di due soci: Cammilli e Bonacchi. Bonacchi era un tipo strano perché aveva fatto i soldi importando vestiti vecchi e dismessi dall'America, perché lì vicino c'è la città di Prato... e nei vestiti vecchi, nelle pellicce vecchie trovava cose, trovava dollari o che so io, trovava anelli, questo è quello che so io o almeno che mi raccontava lui.

FBA: In che cosa era diversa la Poltronova dalle altre aziende?

ES: Mah le altre aziende... Quali erano? Cassina, Gavina e qualche altro: erano aziende del Nord, cittadine diciamo, quindi molto meglio attrezzate. La Poltronova in quegli anni faceva dei mobili, poi venivano le coppiette e compravano. Non sono mai riuscito a convincere Cammilli che il problema iniziava dopo aver fatto il mobile, con la pubblicità, la distribuzione, la rete di vendita... Evidentemente un po' la provincia, un po' il fatto che Cammilli veniva dalla scuola d'arte, quindi non si intendeva di commercio... Vede, la produzione è facile, io posso fare un libro, posso fare un'enciclopedia... chiamo uno, gli faccio fare un'enciclopedia, la stampo e poi ho in casa metri cubi di enciclopedia. Dopo comincia effettivamente il lavoro complicato. Cammilli aveva cercato anche qualche rappresentante, ma evidentemente in quella zona lì non si trovavano le persone adatte. Era anche un periodo, diciamo, di scoperta del mondo internazionale, di scoperta anche del mondo industriale, in realtà, perché in Italia, finita la guerra, senza industrie praticamente a parte la Fiat e certe industrie pesanti dei treni o, che so io... delle navi, l'idea di una cultura industriale non c'era ancora... E infatti la Poltronova era, come dire?, un'ultima spiaggia dell'artigianato toscano, della qualità. Come lei può aver capito dai progetti di quegli anni quello era un momento di grande effervescenza per me; io allora andavo più veloce della Poltronova.

FBA: Non riuscivano a starle dietro...

ES: No, non capivano, non riuscivano... a quei tempi lì le cose che disegnavo erano troppo insolite. Tutto questo lavoro con la Poltronova... Praticamente, se si guarda bene cosa hanno realizzato e poi prodotto, sono le cose più ovvie se si può dire, e anche quelle sono state vendute pochissimo. Mettiamo per esempio i "Mobili Grigi"... sono stati fatti dei prototipi e basta... dei prototipi che adesso sono nei musei. I "Mobili Grigi" sono fatti in due tempi:

per Poltronova l'armadio, il letto, una lampada, lo specchio, poi due scaffali, il portariviste, insomma queste robe qua; poi però quando mi hanno chiamato per New York, per la mostra "Domestic Landscape", ho fatto per la Kartell un sistema di armadi... Si chiamavano tutti "Mobili Grigi" ma sono due momenti diversi. Tutti questi mobili sono molto poco vendibili, molto insoliti; per esempio queste grate qui (*indica una foto dell'allestimento con i muri mobili da lui disegnato per lo showroom Poltronova*) né Cassina né Gavina si sarebbero mai sognati di farle... E non parliamo dei "Mobili Grigi", follie totali per tutti...

FBA: La Poltronova produceva alcuni mobili vendibili, come poteva essere il CUB8, la parete attrezzata disegnata da Angelo Mangiarotti, per potersi permettere poi di fare una sperimentazione che non si sapeva se avrebbe ripagato o no.

ES: La sperimentazione si faceva, e qui è stata la particolarità di Cammilli che, essendo uomo d'arte, credeva nell'invenzione d'arte, chiamiamola così, credeva, come si direbbe oggi, in un design creativo. Per questo andavamo d'accordo: lui mi faceva fare delle cose, mi realizzava i prototipi, e io gli facevo ogni tanto qualche altra cosa "vendibile". Ma già questo qui (*sfogliando i cataloghi*) sembra adesso un mobile minimalista... Io non so quanti ne avrà venduti... quattro o cinque.

FBA: Se lei oggi pensa alla Poltronova, le viene in mente qualche cosa, qualche ricordo?

ES: Mi ricordo le penne strascicate per esempio...

FBA: Ah, l'Osteria del Contadino!

ES: Sì, c'era quest'osteria di fronte all'azienda, dove andavamo a fare grandi mangiate.

FBA: In quel periodo lei andava anche a Montelupo Fiorentino, a fare le ceramiche per la Bitossi.

ES: Sì andavo nel frattempo a fare ceramiche per cui avevo questo entusiasmo... Questo momento qui anche (*indica la foto della lampada Cometa*) è stato molto interessante perché era una tecnologia nuova quella del sottovuoto e anche lì Cammilli è stato bravo perché, insomma, ha investito per fare questi stampi e così via... Anche nelle fotografie che andavo a fare in Poltronova c'è l'idea che appunto l'arredamento non è un catalogo di oggettini messi in casa ma è il disegno di un luogo, diciamo, di uno stato esistenziale. Questa qui, ecco (*indica la fotografia del tavolo Loto, con una ragazza nuda, di spalle*) è una ragazzina che avrà avuto quattordici-quindici anni che voleva fare la modella; il fotografo le aveva promesso che sarebbe diventata una grande modella e le faceva le fotografie...Poi ci sono fotografie dove c'è un'altra ragazza... dunque nel "divano antico" (*è il modo in cui Sottsass chiama il divano Califfo, N.d.A.*) e una vera e propria modella, una modella professionale, una bellissima ragazza, infatti eravamo tutti innamorati. Ma nell'immagine di questi arredamenti, di questi "Mobili Grigi" per esempio, c'è, mettiamo, una donna con i capelli sulla tavola, poi un'altra di cui si vede solo una gamba (quella lì era la figlia di uno degli impiegati della Poltronova ed era una bellissima ragazzina, molto sexy...) ma il fatto che mettessi dentro queste gambe, questi pezzi... in un certo senso già denunciava il fatto che questi mobili sono disegnati, in un certo senso, per un'esistenza che ha coscienza del disastro esistenziale. Non sono disegnati per una famiglia piccolo borghese, tutti contenti e felici e così via, creano un ambiente quasi metafisico... strano... quindi ancora meno funzionavano sul mercato, questo voglio dire, che proprio non c'era verso...

FBA: C'è in queste immagini anche un richiamo alla dimensione sensuale o addirittura sessuale dell'esistenza.

ES: Assolutamente sì. Quello che lei chiama sensuale io lo chiamo sensoriale, cioè la vita è fatta, è percepita, sensorialmente prima che intellettualmente. La sessualità poi fa parte di questo vocabolario sensoriale e di questa enciclopedia, diciamo, sensoriale.

FBA: E le ceramiche? Mi parli delle ceramiche "Yantra" per Poltronova.

ES: Per esempio vede, anche qui... (*indica la copertina del catalogo delle ceramiche, con un disegno di un vaso con dei fiori*). Io in quegli anni lì, nel 1960, sono andato in India e sono stato molto influenzato da certe tematiche del pensiero indiano e così via... Questo è un vaso, ma il fiore è messo nel vaso né all'inglese, né alla giapponese, è messo dentro con un disegno quasi architettonico, quasi come dire... rituale. Poi c'è una fotografia dove c'è una ragazza con la camicia bagnata, sempre delle "Yantra" ... anche qui i fiori sono molto... eccola qua... questa foto aveva un titolo, "fiori per la Madonna", cioè questa qui che fa vedere i suoi seni è la Madonna, ma è anche una puttana perché attorno ci sono dei soldi, e poi ci sono le candele accese.

FBA: E questo collage con lo specchio Ultrafragola?

ES: Questo collage era per un catalogo della Poltronova che non è stato mai realizzato.

FBA: Lo ha fatto lei?

ES: Sì.

FBA: La figura di donna che si specchia sembra una delle ballerine dei quadri di Toulouse-Lautrec.

ES: No, quest'immagine viene da un libro se vogliamo pornografico di un nobile austriaco che si divertiva a disegnare scene che... non so, la parola "pornografiche" non mi piace; diciamo erotiche, scene profondamente erotiche, alla fine dell'Ottocento-inizi del Novecento. Lo specchio serve alle signore soprattutto, e le signore hanno per natura la propensione alla seduzione. Nello specchio si riflette il volto, e lo specchio appunto è rosa. Quello che non andava, diciamo così, che non si vendeva, è proprio questo tentativo continuo che ho fatto di dare significati al disegno, diciamo di dare senso.

FBA: E secondo lei questo oggi si vende? Lei è stato finalmente compreso?

ES: No, non sono stato compreso, oggi. Sono usato, sono venduto. Non è che necessariamente lei, quando vende una cosa, ha capito cosa vende: la vende e basta, perchè ha capito che c'è un mercato.

FBA: Lei ha disegnato una serie di lampade per Poltronova: per esempio la lampada Bruco, in diverse versioni: da terra, da parete, il lampadario.

ES: No, io ho disegnato solo la lampada Bruco da terra; le altre sono "deviazioni cammillifere".

FBA: Succedevano quindi queste cose?

ES: Continuamente! Queste altre versioni io non le ho mai approvate. Capisce con Cammilli c'è sempre stato un rapporto in fondo positivo, perché le cose ci sono, quindi sono state fatte, ma non molto equilibrato, con dei flash positivi e poi disastri, oscurità, insomma.

FBA: Magari si seguiva l'emozione positiva del momento e...

ES: E poi si cascava giù! Tutta questa roba, come dico, finiva in questo showroom e, che io sappia, non ha mai avuto un vero rappresentante, un vero uomo di marketing.

FBA: Mi parli del progetto dei mobili "Superbox": i modellini di questi armadi, da lei fotografati come fossero mobili veri, vennero pubblicati sulle pagine di "Domus" nel 1967, con la dicitura: "Studi per Poltronova in laminato plastico Print".

ES: Questi modellini? Beh, fanno parte di questo momento nel quale appunto cercavo di portare colore, tattilità, perché sono un po' lucidi e un po' opachi, cercavo di portare anche, se vogliamo, la "percezione popolare", perché queste sono righe delle strade, non so bene... delle pubblicità e così via... non so... Anche i colori... I colori allora erano colori da distributori di benzina, molto violenti, molto americani, diciamo così. Adesso uso altri colori. Questo insieme di emozioni veniva dal mondo, dall'India da una parte e dall'America dall'altra. La produzione poi è molto semplice perché si tratta di "scatole", solo che sono colorate; allora immediatamente questo portare significato linguistico su una scatola vuol dire trasformare la scatola.

FBA: Questi mobili hanno un'immagine totemica, hanno grandi basi.

ES: Certo. Inoltre in queste fotografie i mobili sono sempre lontani dalle pareti, sono appunto come dei personaggi.

FBA: A proposito dell'uso del modello, Gilberto Corretti degli Archizoom Associati, che in quegli stessi anni collaboravano con Poltronova, mi ha spiegato che il progetto dei "Dream Beds", modellini di letti fotografati e pubblicati su "Domus" nella stessa maniera, come fossero oggetti reali, è nato proprio dall'impressione suscitata da queste immagini dei "Superbox".

ES: Gli Archizoom credo che alcuni modelli li avessero fatti già quando erano studenti, non conosco le date, non so, non credo che loro siano stati influenzati da queste cose, loro erano già...

FBA: Per i "Dream Beds" che sono del 1969, l'influenza c'è stata; il modello del divano Superonda invece è stato presentato alla mostra "Superarchitettura" del 1966, quindi è precedente.

ES: Ah ecco... Sì. Sì.

FBA: Quando, nel 1977, è stato pubblicato il libro *Fare mobili con Poltronova*, che racconta i primi vent'anni di attività dell'azienda, è stata fatta una domanda ai progettisti: "Abitare è facile?". Lei ha risposto con dei disegni: due persone a letto abbracciate con i vestiti sparsi tutt'attorno, oppure una semplice tavola apparecchiata con piatti e bicchieri: qui abitare è facile; poi una tavola imbandita piena stracolma di cibi e bevande: qui abitare diventa difficile. Perché?

ES: Perché diventa difficile, come dire, star bene. Abitare è facile quando si hanno i soldi per abitare; se non si hanno i soldi... non è tanto facile abitare. "Abitare è facile" è un'affermazione borghese, mettiamola così. Borghese non nel senso di classe sociale ma di possibilità: ci sono i denari, c'è una famiglia che protegge, che so io, c'è una laurea, c'è un mestiere, c'è una collocazione. Certamente finisce per essere una classe sociale ma definirla come classe è già una schematizzazione politica: io la definisco come possibilità che hanno certe persone di procurarsi dei bei vestiti, per essere belli come lei. La tavola imbandita è difficile da avere bisogna essere borghesi per averla. Avere sempre da mangiare non è così facile. Per me, per lei e per i nostri amici è facile, ma molta gente non ha la tavola da imbandire, non solo non ha la roba da metterci sopra, non ha nemmeno la tavola!

FBA: Quindi se lei dovesse rispondere ora, nel 2001, a questa domanda a cui ha già risposto nel 1977, facendo un disegno su "Abitare è facile", cosa direbbe? Ecco, questo è un blocchettino, piccino, però...

ES: Cosa ci sono stampati su, dei cuori?

FBA: Sì.

ES: Dunque, intanto per abitare ci vuole uno spazio per abitare. Ci sono i *bums* americani (i barboni) che dormono sul marciapiede delle strade, ubriachi perché non hanno potuto, come dire... copulare con la situazione, con l'esistenza stessa: o perché erano pigri, o perché hanno avuto paura, o perché la fidanzata li ha abbandonati; allora non hanno più voglia di vivere, o che so io. In questo caso lo spazio è il marciapiede, con delle porte qua e là, come si vedono a New York. Se lei deve abitare qua, abita qua. L'altro modo di abitare è avere una bella finestra, e già qui ci sono diverse possibilità: che lei dalla finestra vede il proprio parco, giardino, ecc., oppure che vede di fronte una casa, che so io, che sta solo a un metro di distanza.

FBA: Cambia... c'è una bella differenza tra vedere una casa o vedere un giardino dalla propria finestra.

ES: Eh, credo proprio di sì! Io ho fatto un'intera serie di fotografie che si chiamano "Design Metaphores" dove dico: "Vuoi abitare al sole o vuoi abitare all'ombra?" hai diritto di scegliere perché sei un uomo. Ma questo diritto in realtà non viene quasi mai come dire... rispettato.

Se hai i soldi per comprare un letto comodo, riscaldare d'inverno e raffreddare d'estate, per avere sempre sulla tavola, che so io, appunto come ho disegnato ora, un bel piatto grande pieno di salami, di verdure, ecc., può diventare facile vivere, ma non è neanche detto che lo sia. Magari tu hai tante belle arance, i fiori nella stanza, ma ti hanno detto che tuo papà sta male. Allora lì abitare improvvisamente diventa difficile. Quindi anche nei momenti della vita l'abitare può essere più facile o meno facile. Quando ti innamori di una ragazza la sposi, mettiamo, e per un po' di tempo sei tutto contento, abitare è facile, qualunque cosa va bene. Si è contenti e ci si arrangia l'arredamento, se c'è un cuscino colorato siamo tutti felici. Poi piano piano questo "affascinamento" diventa più metodico, oppure non funziona o che so io, e lì tutto diventa difficilissimo, si rinuncia a parlare, ci sono i silenzi... Non so come rispondere a questa domanda "Abitare è facile": vivere è facile?

FBA: Vivere certamente no.
ES: Allora neanche abitare.

Interview with Ettore Sottsass (Milan, 6 June 2001)
by Francesca Balena Arista

Francesca Balena Arista: How did your collaboration with Poltronova begin?

Ettore Sottsass: As I think I have written somewhere, my story with Poltronova began in 1956–57. In 1956 I went to the US and I was unemployed both when I went there and when I came back. When I came back artist Agenore Fabbri called me and told me: "Listen, there is a firm here in Tuscany called Poltronova which needs somebody to design some furniture." Naturally I welcomed this call with enthusiasm as I had no job and said "Ok, let us do something!" Then I went to see Poltronova, which was then owned by Cammilli and Bonacchi. Bonacchi was a strange guy. He had made money importing vintage second-hand clothes from America, because in Tuscany there is the city of Prato... and in old clothes and furs he found something: he found dollars or, I don't know, rings. This is what I know or, at least, what he told me.

FBA: In what was Poltronova different from other firms?

ES: Well, other firms... What firms? Cassina, Gavina and some others. They were Northern firms, I would call them city firms, they were much more equipped. In those years Poltronova would make some furniture, and then some young couples would come and buy them. I never managed to persuade Cammilli that the problem started after the piece of furniture was made and had to do with advertising, distribution, sale networks... Obviously, it was partly due to some provincialism, moreover Cammilli had attended art school, and commerce was not really his field... You see, production is the easy part: I can make a book, I can make an encyclopaedia... I call someone, I ask him to make an encyclopaedia, I print it and I end up with cubic metres of encyclopaedia on my desk. That is when the hard job starts. Cammilli had looked for some agents, but it turned out that there were no good ones there. Also, at that time Italy was beginning to discover the international world, and also the industrial world, we could say, because in Italy, actually, after the War, with practically no industries apart from Fiat and some heavy industries to make trains or, well, ships, there was not the idea of an industrial culture, yet... An indeed Poltronova was, how can I put it, the last resort for Tuscany handicrafts and for quality. As you may have seen from the projects of those years, that was a sparkling time for me. At that time I was quicker than Poltronova.

FBA: They could not keep pace with you...

ES: No, they did not understand, they could not... What I designed at that time was too odd. All this work with Poltronova. I mean, if we go to see what they have carried out and produced, they have done the most obvious things, and even those have hardly been sold. For example, "Mobili Grigi"... only some prototypes have been made and no more... and those prototypes are now displayed in the museums. "Mobili Grigi" have been made in two stages. I designed the wardrobe, the bed, a lamp, the mirror, and then two shelves, the magazine rack and so on for Poltronova. Later on, however, when I was called about the New York "Domestic Landscape" exhibition, I made a wardrobe system for Kartell. They have all been called "Mobili Grigi," but they were made at two different moments. All this furniture is not very marketable: it is very unusual. For example neither Cassina nor Gavina would have dreamt of producing these gratings here (*he points at a pictures of the exhibition design with mobile walls he designed for Poltronova showroom*). And not to mention "Mobili Grigi," thought of as mere follies...

FBA: Poltronova produced some marketable furniture like for example CUB8, the equipped wall designed by Angelo Mangiarotti, to be able to permit some experimentation from the financial point of view.

ES: Yes, Poltronova made experiments. This is Cammilli's peculiarity. Being a man of arts he believed in artistic invention, if we can call it so. Today we would say he believed in creative design. This is why we got on well together. He would let me do something, he would carry out some prototypes for me, in change of which I designed something marketable for him, sometimes. But even this one already looks minimalist (*he is flicking through the catalogue*). I do not know how many pieces he has managed to sell... maybe four or five.

FBA: What comes to your mind thinking of Poltronova now?

ES: I remember *penne strascicate*, for example...

FBA: Yes, Osteria del Contadino!

ES: Indeed, there was this inn in front of Poltronova, where we had some great meals.

FBA: At that time you also went to the town of Montelupo Fiorentino to make ceramics for Bitossi.

ES: That's true, I went to do ceramics, and that is why I had such enthusiasm… Also this (*he points at a photo of Cometa lamp*) was very interesting, because vacuum-packing was a new technology and again Cammilli was good, because he invested in making these moulds and so on… Also in the photographs I went to take for Poltronova there was the idea that furnishing was not a catalogue of objects to have at home. It is the design of a place, of an existential state, I would say. Look, this one here (*he points at a photo of the Loto table, which shows the back of a naked girl*) is a teenager who wanted to become a model. The photographer promised her she would become a great model and took pictures of her… There are also pictures of another girl… OK, in the "ancient couch" (*this is how Sottsass calls Califfo couch, N.o.A.*) there is a real model, a professional, a beautiful girl, we were all in love with her. On the contrary, in the image of this furniture, of these "Mobili Grigi" for example, there may be a woman with her hair on the table, and another one where we can see only her leg—she was a Poltronova employee's daughter, a very beautiful, sexy teenager. The fact that I put that leg, those pieces… in a way it revealed that this furniture is designed for an existence that has the feeling of existential disaster. It is not designed for a middle-class family, where all are happy and smiling and so on, it creates an almost metaphysical environment… something weird… therefore it was totally unsuccessful on the market. This is what I mean, it was really hopeless…

FBA: In these images there is a reference to the sensual or even sexual dimension of existence.

ES: Absolutely. What you call sensual I call sensory. Life is perceived in a sensory way before intellectually. Sexuality is part of this sensory vocabulary and of this sensory encyclopaedia.

FBA: And what about ceramics? Would you tell me about "Yantra" ceramics?

ES: For example, look at this (*he points at the cover of a ceramics catalogue, with the drawing of a vase of flowers*). In those years, the 1960s, I went to India and was very influenced by some themes of Indian thought and so on… This is a vase, but the flower has neither been put in the English way, nor in the Japanese one. It has been put there almost in an architectural way, I would say almost ritually… There is also a picture of a girl in a wet shirt, in the "Yantra" ones… Also in this case flowers are very… here she is… this picture was called "fiori per la Madonna," flowers for the Virgin, I mean, this one here showing her breasts is the Virgin, but she is also a whore because there is money around, and there are also lit candles,

FBA: And what about this collage with the Ultrafragola mirror?

ES: This collage was for a Poltronova catalogue which has never been published.

FBA: Did you make it?

ES: I did.

FBA: The woman in the mirror looks like one of Toulouse-Lautrec's dancers.

ES: No, this image comes from a sort of pornographic book of an Austrian nobleman who used to amuse himself drawing scenes that... I don't know, I don't like the word "pornographic." I would call them erotic, deeply erotic scenes made at the end of 19th–beginning of 20th century. Mirrors are used mainly by ladies, and ladies tend to be seductive. This mirror reflects her face and the mirror is deliberately pink. What were not considered good, what were not marketable were my attempts to give a meaning to my drawings, to give them a sense.

FBA: Do you think this is marketable now? Have you been understood at last?

ES: No, I have not been understood, yet. I am used, I am sold. When you sell something, you do not necessarily know what you are selling. You just sell it, because it is marketable.

FBA: You have designed many lamps for Poltronova. For example Bruco in different versions: as a floor lamp, as a wall lamp, as a chandelier.

ES: No, I have only designed the Bruco floor lamp. The others are "Cammilliferous" deviations.

FBA: Did such things happen?

ES: All the time! I have never approved these other versions. You understand, my relation with Cammilli has always been good on the whole, because it did produce some results. However, it was not constant; it had some good moments alternating with disasters and darkness.

FBA: Maybe it was a question of moods... Once everything looked good...

ES: And then it plummeted. As I said, all this stuff ended up in this showroom and, as far as I know, there was no agent at all, no one who really knew about marketing.

FBA: Would you tell me about the "Superbox" furniture project? These wardrobe models you photographed as if they were real were published by *Domus* in 1967 with the words "Studies for Poltronova in Print plastic laminate."

ES: These models? They are part of the moment when I focused particularly on colour, on tactility, because they are somewhat bright and somewhat opaque. We could say I was also focusing on "popular perception," because these are street stripes, I don't know, ad stripes... and so on... I don't know... Also their colours... Their colours were those of petrol pumps, they were very violent, very American. Now I use different colours. This whole of emotions comes from the world, from India on the one hand and from the US on the other. Their production was quite easy because they were just "boxes." They were coloured, however, and this fact of giving linguistic meaning to a box turned it into something else.

FBA: This furniture has a totemic image. They have big bases.

ES: Of course. Moreover, in these photos furniture is always placed far away from walls, like characters.

FBA: Regarding the use of models, Gilberto Corretti of Archizoom Associati, who in those years was collaborating with Poltronova, told me that the "Dream Beds" project was born from the impression given by these Superboxes. "Dream Beds" are bed models photographed and published in *Domus* the same way as "Superboxes," that is, as if they were real objects.

ES: I think that the Archizoom made some models when they were still students, I don't know the dates, but I don't really think they have been influenced by these things, they already existed...

FBA: "Dream Beds" date back to 1969 and were actually influenced. On the contrary, the Superonda couch model was presented at the "Superarchitettura" exhibition in 1966 and therefore it is older.

ES: Oh, yes, you're right.

FBA: In 1977 the book *Fare mobili con Poltronova* (Making Furniture with Poltronova), was published. It is about the first twenty years of activity and on that occasion designers were asked: "Is it easy to dwell?" You replied with some drawings. Two people hugging each other in bed and surrounded by clothes or a simple table set with dishes and glasses. It is easy to dwell here. And then a very rich table full of food and drinks. Here it is difficult to dwell. Why?

ES: Because it is difficult to feel well there. It is easy to dwell when you have got money to dwell. If you have not... it is not so easy to dwell. "To dwell is easy" is a middle-class statement, let us put it this way. Middle-class not in the sense of social class, but in the sense of possibilities. There is money, there is a family to protect you, there is a university degree, there is a job, there is a collocation. Obviously it ends up to be a social class, but to define it this way in the first place would be a political scheme. I define it as the possibility one has to buy nice clothes and to be as beautiful as you. A nicely set table is difficult to have. You must belong to the middle-class to have it. It is not easy to always have something to eat. For me, for you and for our friends it is easy. Many people, however, have no table to set. Not only do they not have what to put on it, they don't even have the table!

FBA: Therefore, what conclusion would you draw if you had to answer this question now, in 2001, the same question you answered in 1997: "Is it easy to dwell?" Here you are, this is a small writing pad but...

ES: What are these things printed here, hearts?

FBA: Yes.

ES: Let's see. First of all to dwell you need a space. There are American bums, homeless who sleep on the pavements. They are drunk because they could not, how can I put it?, couple with their situation, with their very existence. They may have been lazy, they may have been scared or they may have been left by their fiancé. So they are not willing to live any longer, or something like this. In this case the space is the pavement and there are doors here and there just like there are in New York. If you have to live here, you just live here. The other way to live is to have a nice window, and there are different possibilities even with this because from a window you can see a park, your garden and so on, or another house placed only one metre away from yours.

FBA: Well, there is a lot of difference between seeing a house and seeing a garden from the window.

ES: Of course there is! I have done a whole series of photos called "Design Metaphors" where I say: "Do you want to live in the sun or do you want to live in the shade?" You have the right to choose because you are a human. In actual fact, however, this right is almost never... respected.

If you have enough money to buy a comfortable bed, to heat up your house in winter and cool it in summer, to always have, just like the way I have just drawn it, a nice big dish of salami, of vegetables on the table, etc. Then it may become easy to live, and even then it is not obvious. You might have some beautiful oranges in the kitchen and some flowers in your bedroom but someone has just told you that your father is not well. Then to dwell suddenly becomes difficult. Therefore to dwell can be more or less difficult according to the different moments of life. When you fall in love with a girl you marry her, perhaps, and for some time you are all happy, to dwell is easy, anything is all right. Any kind of furnishing can do and a coloured cushion is enough to be happy. Then slowly this "fascination" becomes more methodical, or maybe it doesn't work. Then it all becomes more difficult, you give up talking, there are silences... I don't know how to answer this question, "Is it easy to dwell?" Is it easy to live?

FBA: To live is certainly not easy.
ES: Then neither is to dwell.

A proposito di colore

Francesca Picchi

Un giorno, mentre scartabellavo negli archivi di "Domus" mi è capitato tra le mani una foto che Ettore Sottsass aveva scattato ad Antoine Pevsner un giorno del lontano 1953.

Quell'anno – poi seppi, una domenica pomeriggio – l'aveva incontrato a Parigi: si direbbe un incontro decisivo proprio per l'idea che Pevsner ha del colore.

Così, quando lo fotografa di fronte alle sue sculture, Pevsner, seduto in un'elegante poltroncina Thonet, ha l'aria interrogativa, e un po' rigida, di chi si lascia immortalare da un lontano nipote venuto a trovarlo in un giorno di festa mentre gli scatta una foto ricordo da mostrare ai parenti rimasti a casa.

Nel "Domus" di quell'aprile dove pubblica la foto, Sottsass si sofferma a spiegare le ragioni di questa fascinazione, qualcosa che ha il sapore di un tributo per una scoperta grazie alla quale nulla sarebbe stato più come prima: "Al di là di un'invenzione raggiunta con il cervello, Pevsner ha scoperto, con quel suo lento parlare e guardare, che lo spazio racchiude il colore; ha scoperto che l'anonimo, astratto, trasparente spazio matematico diventa reale e umano quando si sa spremergli fuori le invisibili e impalpabili onde dei colori che vi si sono racchiuse. Tutto questo che è nuovo e suo, vive nelle sue sculture. Le sue sculture sono di materia e di spazio e gli spazi sono diventati materia per la luce: la più delicata, la più sottile delle materie, vibrante nel tempo, piena di tutti i colori che si muovono adagio come si aprono i petali dei fiori".

Ecco, questo fatto del colore "racchiuso" dentro lo spazio, come in attesa di essere "spremuto fuori", quasi potesse entrare in vibrazione fino a defluire nello spazio, fino a irradiarsi, a liberarsi da quello stato di latenza che lo imprigiona nella fredda materia delle cose, non è soltanto un fatto che dà da pensare ma "paradossalmente" richiama alla mente l'idea di Michelangelo della forma prigioniera, racchiusa nel blocco di marmo, che l'artista si affanna a liberare "tirandola fuori" dalla materia per portarla alla luce, ossia alla vita. E infatti è famoso il verso in cui dice: "Non ha l'ottimo artista alcun concetto c'un marmo solo in sé non circoscriva col suo superchio, e solo a quello arriva la man che ubbidisce all'intelletto".

A questo punto del mio procedere confuso tra Michelangelo e Pevsner, tra forma e colore, mi viene in mente uno scritto di Theo van Doesburg che mi ha sempre molto colpito perché anche lui in un certo senso parla del potere misterioso racchiuso sotto la pelle delle cose: "Grazie ai progressi della fisica, il nostro tempo non ha visto solo crollare la fede nella materia come corpo solido, ma ha visto anche, in arte, l'accettazione della materia come energia, nella sua essenza. È di fondamentale importanza per l'architetto 'formativo' riconoscere le differenze di energia tra i diversi materiali, così che possa usare tali differenze per realizzare ciò che i pittori hanno indicato col materiale fondamentale dell'arte creativa: il Colore".

Questo è un passaggio di uno scritto intitolato *Dalla nuova estetica alla sua realizzazione materiale* pubblicato in un numero di "De Stijl" del 1923: mi è capitato di tornare a leggerlo più volte perché qui si capiscono chiaramente due cose: innanzitutto che l'architettura usa gli stessi mezzi della pittura e in secondo luogo che l'architetto è qualcuno che opera abilmente con "differenze di energia", ne conosce i segreti, li sa manipolare impiegando un mezzo che è proprio della pittura – anzi Van Doesburg lo definisce proprio il "materiale fondamentale" della creazione – ossia il colore; la differenza però è che non applica il colore alle superfici, sopra di esse, per aggiunta, ma lo tira fuori dalle cose: lo spreme. In un altro pezzo si comprende anche meglio perché lo dice ancor più chiaramente: "Le superfici di colore formano una parte organica della nuova architettura, come elemento di espressione diretta delle proprie relazioni spazio-temporali. Senza il colore tali relazioni non sono realtà viventi, non sono visibili. L'equilibrio dei rapporti architettonici diventa realtà visibile, in primo luogo, attraverso il colore".

Insomma non sono proprio sicura di poter ascrivere Pevsner ai maestri che Sottsass riconosce di aver avuto, e ancor meno posso pensarlo di Van Doesburg (a cui, in effetti, non ha dedicato neppure un articolo su "Domus"), nondimeno però mi sembra di poter riconoscere nella potenza immaginativa di un mondo nuovo per come l'intendevano i maestri dell'avanguardia artistica un'affinità con il lavoro di Sottsass proprio per la centralità che il colore ha avuto per la sua architettura ma soprattutto per la sua capacità di spremerlo fuori dalle cose comuni, soprattutto quelle senza una tradizione o una cultura riconosciuta, come fa pensare la piatta perfezione "industriale" dei suoi piani in laminato plastico; le sue vernici lucide del tipo usato per le carrozzerie delle automobili; i suoi rimandi a un'iconografia figurativa anonima come quella popolata da lattine di Coca-Cola, distributori di benzina, carte spugnate di libri contabili o polizieschi, graniglie e mosaici di gabinetti delle metropolitane di grandi metropoli, sedie di latterie "sotto casa"... o ancora i verdi mariaci, i gialli yucatan, i rossi camion, i rosa crazy horse del suo personale catalogo di colori, messo a punto per Abet... e via discorrendo.

Regarding Colour
Francesca Picchi

One day, looking through the *Domus* archives, I noticed a picture of Antoine Pevsner taken by Ettore Sottsass back in 1953. That day–a Sunday afternoon–Sottsass met Antoine Pevsner in Paris. That meeting proved to be crucial because of Pevsner's idea of colour.

When Ettore took that picture, Pevsner was in front of his sculptures, sitting in an elegant Thonet armchair. He had the interrogative and somewhat rigid look of a man who is being photographed by a distant nephew who has come to visit him on a holiday and wants to show the picture to the rest of the family that has remained at home.

In the *Domus* April issue where that picture was published, Sottsass spends a few words explaining the reason for his fascination. The picture is kind of a tribute to a discovery that would change his life. "With his typically slow way of talking and looking, Pevsner has found out that, beyond any logical reasons for it, space contains colour. The anonymous, abstract and transparent mathematical space turns real and human whenever invisible and intangible waves of colour are squeezed out of it. All this is new and belongs to Pevsner, and lives in his sculptures. His sculptures are made of matter and space. Spaces have become matter for light, which is the most delicate and subtle matter of all, which vibrates in time and is full of all the colours moving slowly like petals of a blossoming flower."

The idea is that colour is "contained" in a space, "waiting" to be freed, sort of able to vibrate till flowing out into the space, till spreading and freeing itself from the previous state which kept it trapped in the cold matter. Not only is this idea thought-provoking. "Paradoxically," it reminds of Michelangelo's idea about forms imprisoned in blocks of marble. Artists strive to free forms, drawing them out of blocks of marble. Bring them to light, that is, to life. Famous are his words: "Non ha l'ottimo artista alcun concetto c'un marmo solo in sé non circoscriva col suo superchio, e solo a quello arriva la man che ubbidisce all'intelletto."

At this stage of my confused process between Michelangelo and Pevsner, between form and colour, I recall a statement by Theo van Doesburg which has always struck me because in some way it talks about some mysterious power held within an object's surface. "Thanks to physics, our faith in matter as a solid body has collapsed. What is more, artists have had to accept the idea of matter as energy, in its essence. It is of great importance for the 'formative' architect to understand the differences of energy between materials in order to use these differences to carry out what painters have indicated with the basic material of creative art: colour."

The above passage is from "On the new aesthetics and on its material carrying out," published in *De Stijl* in 1923. I have read it a few times now because it conveys two ideas. First of all, architecture uses the same tools as painting. Second, an architect is someone who skilfully uses "energy differences" knowing their secrets and handles them through colour, a tool that is specific of picture–Van Doesburg actually considers it the "basic material" of creation. The difference is that he does not apply colour to surfaces. He squeezes it out of them. He states it more clearly in another passage. "Colour surfaces are part of the new architecture. They express space-time relations. Without colour these relations are not alive, they are not visible. Equilibrium between architectural relations turns visible mainly through colour."

To conclude, I am not really sure I can include Pevsner among those Sottsass recognizes as his masters. Even less so Van Doesburg, to whom Sottsass never even dedicated an article in *Domus*. Nevertheless, in the imaginative power of a new world as intended by the masters of the artistic avant-garde I can see some affinity with Sottsass's work because of the importance of colour in his architecture. Even more, because of his ability to squeeze it out of common things that often have no acknowledged tradition or culture. See for example the flat "industrial" perfection of his plastic laminates, his glossy varnishes normally used for car bodies, his references to anonymous figurative iconography such as the one full of coke cans, petrol pumps, metropolitan underground toilets' grits and mosaics, round-the-corner milkbar chairs, all the colours in his personal catalogue made for Abet (Yucatan yellow, crazy-horse pink, etc.) and so on.

Ettore Sottsass e Associati, 1983
Santi Caleca

Cerchi la tomba
Barbara Radice

Cerchi la tomba
del grande Re
del paese di Ts'in
primo Imperatore

sulla collina di Xi'an
incontrerai i guerrieri

che Houang-ti
ha bruciato
"I Discorsi delle Cento Scuole"
per durare quanto
il Cielo e la Terra
cercava il farmaco
che impedisce la morte.

Sulle sue stele ha scritto:
"Ho portato l'ordine alla folla degli esseri
ho sottoposto alla prova gli atti e le realtà:
ogni cosa ha il nome che le conviene".

Suo era il potere dell'Acqua
il colore nero
il numero sei
l'inverno l'oscurità
l'asperità la morte.

Manigliette
Clino Trini Castelli

Ho incontrato Ettore Sottsass quando non avevo ancora vent'anni. Mi aveva ricevuto nello studio "Ricerche Design per Olivetti" di via Cappuccio, a Milano. Avvertii subito un senso

di informalità cosmopolita con la quale non mi ero mai confrontato prima e che per me, che provenivo dal Centro Stile Fiat, era piuttosto disorientante. Il suo sguardo, sommesso e un po' distratto, non gli impedì di squadrarmi dalla testa ai piedi per soffermarsi, con un vago commento, sul look delle scarpe che portavo quel giorno. Era forse un suo modo per mettermi a mio agio: rientrai infatti a Torino con la netta sensazione di aver incontrato una persona che sembrava conoscermi da sempre.

Probabilmente, la disponibilità di Ettore nei miei confronti era dovuta anche al fatto che, malgrado l'età, ero tra i pochi a conoscere il lavoro degli artisti americani e quella che sarebbe poi diventata la pop art. Entrai così a far parte del suo staff, passando rapidamente dal rigore *heavy industry* della Fiat al glamour impegnato del design Olivetti.

Mi aveva da subito colpito la fiducia che Ettore ha sempre riposto nei suoi collaboratori. Ricordo, a questo proposito, una specie di emergenza in studio per cui qualcuno sarebbe dovuto andare a Torino per applicare un set di maniglie multicolori su un mobile in laminato disegnato da Ettore per l'Abet Print. Poiché ero l'ultimo arrivato e in più di Torino, mi fu frettolosamente affidato un sacchetto di maniglie con il quale partii.

Il mobile era un grande ziggurat con tantissime ante destinato a una mostra. Applicai, valutando con cura allineamenti e distanze, tutte le maniglie su tutte le ante a disposizione.

Vedendomi rientrare fiero della missione compiuta ma a mani vuote, Ettore, perplesso, mi chiese delle maniglie che sarebbero dovute avanzare. Purtroppo non mi ero accorto che l'intera fascia delle ante in basso sporgeva leggermente e non erano quindi previste maniglie. Quella volta, la sua proverbiale fiducia non aveva messo in conto l'ostinata schematicità di quel mondo *automotive* da cui mi aveva appena salvato.

Handles
Clino Trini Castelli

I met Ettore when I was not yet twenty years old. We met in the "Design Research for Olivetti" studio, in Via Cappuccio, Milan. There I immediately felt some cosmopolitan informality which was new to me and a bit bewildering too for someone like me, who had worked at the Fiat style centre. He had a submissive and absent-minded look, which however looked me up and down and dwelt upon my shoes with a quick comment. Perhaps it was a way to make me feel at ease. Indeed, I went back to Turin feeling I'd met someone I had always known.

One reason of Ettore's attitude towards me was probably that, despite my age, I was among the few who knew American artists' work, which would be later known as Pop Art. That is how I becamc part of his staff, going from Fiat's heavy industry severity to Olivetti design's committed glamour.

I was immediately struck by Ettore's trust in his collaborators. I remember there was once a kind of emergency in his studio. Someone would have to leave for Turin to apply a set of multicolour handles to a laminated piece of furniture designed by Ettore for Abet Print. Since I was new and came from Turin I was quickly given a bagful of handles and sent there.

The piece of furniture was a ziggurat full of doors that had to be displayed at an exhibition. I applied all the handles to the many doors, carefully measuring alignments and distances. When I went back to Ettore with no handles left, he asked me puzzled about leftover handles. Unfortunately I realized that the whole row of lower doors stuck out slightly and no handles should have been applied there. That time, his usual trust had not taken into account the stubbornly schematic attitude of that automotive world from which he had just saved me.

Lisa Ponti

MIA SORELLA GIOVANNA ED IO
ABBIAMO UN PRIVILEGIO IN COMUNE:
CHIAMARE SOTTSASS "ETTORINO": QUESTO
CI VIENE DALLA GRANDE ETÀ, E, PER
ME, DALLA STORIA FELICE DI SOTTSASS
IN DOMUS ANNI 50, QUANDO
GIO PONTI ISPIRÒ A NOI SUOI
AIUTANTI, RESPONSABILI/IRRESPONSABILI, LA
PRIMA NORMA: RICONOSCERE I
TALENTI, E LASCIARLI FARE.

LISA PONTI

Mimmo Paladino

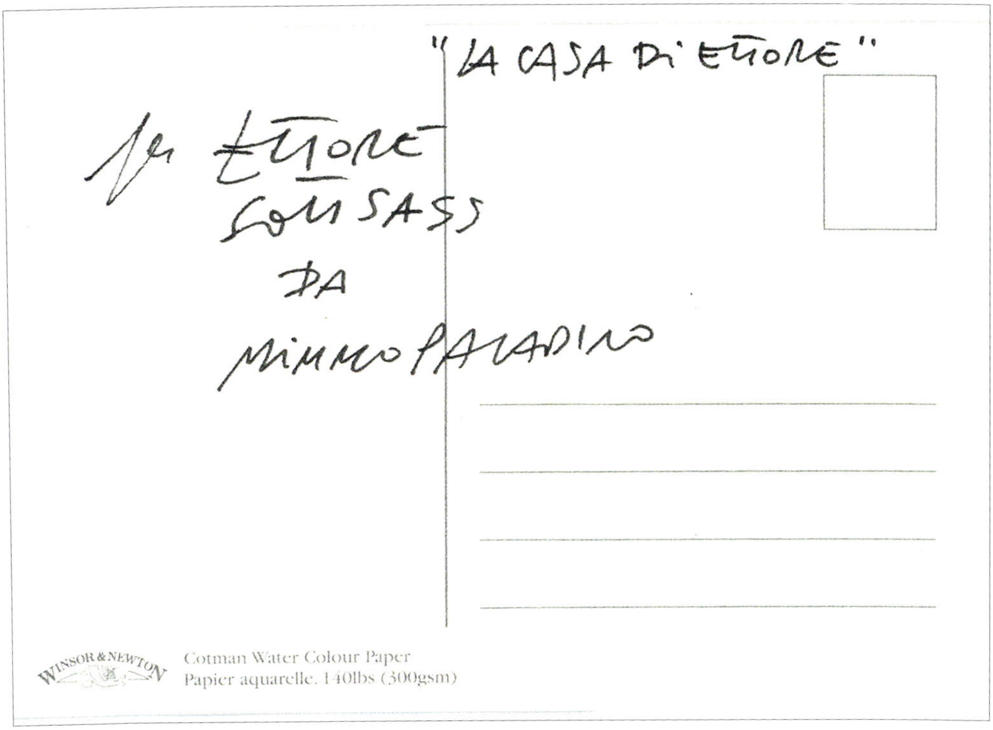

Ettore Sottsass attraverso il suo archivio

Gloria Bianchino

Ho conosciuto Ettore Sottsass prima ancora che personalmente, attraverso l'archivio dei suoi disegni che, nel 1979, ha voluto generosamente donare allo Csac. Una conoscenza intel-

lettuale dunque. Sfogliare i suoi 14.000 disegni circa, questo il totale della prima donazione, studiare gli schizzi, i disegni, materiale "privato", perché non funzionale a una pubblicazione ma legato alla ricerca personale, è stato come scoprire un mondo che a poco a poco mi si è svelato, rivelato.

Una sorta di *catalogue générale* che raccoglie i suoi disegni dal momento della laurea a oggi, dagli esami di arredamento e scenografia al Politecnico di Torino del 1938-1939 ai lavori degli anni quaranta-cinquanta, fino alla cultura di Memphis, ai progetti per i quali Sottsass è conosciuto in tutto il mondo.

L'archivio, riordinato nel corso degli anni, si è rivelato, così mi piace pensare, una sorta di "autoritratto" che ha permesso una conoscenza diversa dell'autore, anche più intima.

Il genere autoritratto è per il mondo dell'arte una sorta di *topos*.

Non c'è artista, almeno fino agli anni cinquanta, che, almeno una volta, non abbia ceduto alla tentazione di auto-rappresentarsi secondo modalità e ideologie che gli sono più consone. Classico il ritratto con il grembiule da artista, magari il fiocco e il berretto bohémien. Poi naturalmente c'è stata la fotografia, non molto diversa dal quadro. L'artista andava dal fotografo, a sua volta artista, e si autorappresentava secondo l'immagine che voleva dare di sé.

Anche il diario è genere letterario che permette di conoscere a fondo l'autore, o meglio quanto l'autore vuole che si conosca di lui, il "racconto", l'immagine che l'artista vuole dare. Significativo l'esempio di Klee che dal 1898 quando inizia a scrivere i *Diari* lo fa con la consapevolezza della cultura freudiana e prevedendo la pubblicazione. Ancora ricordo *Sguardi sul passato* di Kandinskij, una sorta di diario in cui l'autore, non casualmente, sottolinea le impressioni legate alle sue prime esperienze sul colore ricostruendosi un percorso intellettuale dal carattere fortemente simbolico.

Un'altra forma di autobiografia è l'intervista, un racconto mitico scritto a quattro mani; chi fa le domande, l'intervistatore, e chi risponde, l'intervistato, ma sempre secondo modelli culturali che l'autore vuole far passare. Una sorta di racconto di "vite parallele", che in modo programmatico "l'intervistato" si costruisce come insegna Gillo Dorfles nella sua *Auto-intervista*.

E l'archivio? Anche l'archivio è uno strumento di conoscenza. Come è costruito, le cose che l'autore ha voluto conservare, dai disegni ai progetti agli schizzi permettono una conoscenza intellettuale secondo un modello culturale che lo stesso artista vuole fare passare. Secondo un mito culturale di riferimento.

Il mito di Ettore è indubbiamente quello dell'arte. I suoi disegni, raffinati e colti, dimostrano una conoscenza con la cultura dell'astrazione prima, e dell'informale poi, che lo portano a essere uno dei protagonisti della cultura progettuale italiana e non solo.

Ettore Sottsass Seen through His Own Archive

Gloria Bianchino

Before meeting Ettore Sottsass personally I met him through the archives of drawings he kindly donated to CSAC in 1979.

I met him intellectually. I went through his 14,000 drawings—this was the total amount of his first donation—I studied his sketches, his projects, his private papers that were not meant to be published but that only had to do with his personal research. For me, it was like digging out a whole world that step by step I entered and discovered.

It is a sort of "general catalogue" that collects his drawings from graduation to the present day, from furnishing and set-designing examinations at the Politecnico in Turin in 1938–39 to the works of the 1940s and 1950s, to the culture of Memphis, to the projects thanks to which Sottsass is known all over the world.

Once ordered, I think the archives have become a sort of self-portrait through which its author can be understood differently, more intimately.

The genre of the self-portrait is a *topos* in the world of arts.

At least up to the 1950s, any artist represented himself according to his own modalities and ideologies. Typical are portraits of artists in an apron, maybe with a bow and a bohemian cap. Later on photography appeared. Again, an artist went to another artist, the photographer, to be represented according to the meanings he wanted to convey.

Diaries are also a literary genre to get to know an author deeply or, better, to learn what the author wants to be known. Klee, for example, starts to write his *Diaries* in 1898 in the light of the Freudian culture and with the intention to publish them. I still remember Kandinsky's *Looks on the Past*. It is a sort of diary where its author intentionally underlines his impressions on his first experiences with colour, tracing a highly symbolic intellectual itinerary.

Interviews are another form of autobiography. They are mythical stories written by two people, the interviewer and the interviewed, according to cultural models that the author wants to convey. They are kind of narrations of "parallel lives" built up by the interviewed, as in Gillo Dorfles's *Self-interview*.

What about archives? Archives are means of knowledge. The way they are made up, what the author wants to save—drawings, sketches, projects—allows an intellectual knowledge according to the cultural model that the author wants to convey. According to a cultural reference myth.

Ettore's myth is Art. His refined and educated drawings reveal his knowledge of the culture of abstraction first, and of the culture of informality next. This is why he is a protagonist in the culture of design in Italy and abroad.

Intervista ad Alessio Sarri
di Alessio Bozzer e Beatrice Mascellani

Alessio Bozzer:

La testimonianza di un artigiano qual è lei, ceramista, ci sembra molto importante. Gli artigiani hanno vissuto intere giornate a fianco di Ettore Sottsass per realizzare i suoi oggetti, hanno dovuto capire profondamente il concetto di quei progetti per potere realizzare poi gli oggetti. Lei, credo, a un certo punto, ha capito quello che Ettore voleva comunicare con i suoi oggetti o l'ha realizzato. Ci racconti come è iniziato il sodalizio.

Alessio Sarri: Ettore, infatti, l'ho visto spesso a Milano. Ettore è una persona con cui sono entrato in contatto già nel 1981 per gli oggetti di Memphis e lì ci siamo visti per la prima volta. Io che non sapevo niente… Avevo realizzato le ceramiche di Matteo Thun, i "Rara Avis", sedici ceramiche molto dinamiche. Ettore mi piacque molto perché rimase colpito da come avevo fatto i tappi. Questa cosa mi colpì perché ci avevo messo tutta la mia attenzione nel fare in maniera che tornasse tutto quanto, fuori e dentro. Quell'attenzione che definirei l'attenzione che non si vede, l'attenzione che nell'oggetto in ceramica è un po' anche nascosta all'occhio. Tu devi prendere l'oggetto in mano, aprirlo, girarlo per vedere certe cose. E lui notò subito quella cosa lì e questo mi piacque naturalmente molto. Poi sono passati degli anni. Le prime cose che ho fatto con lui sono state nel 1987, le "Indian Memory". Lì è iniziato il mio rapporto con Ettore, che era già iniziato prima sulla fiducia senza aver mai fatto niente insieme. Sono stato nel suo studio, a Milano, e si è chiacchierato un po'. Nel caso delle "Indian Memory" mi ha fatto vedere dei prototipi, poi mi ha mandato dei disegni e io ho cominciato a realizzare delle cose… ed ho sempre lavorato con la massima attenzione al progetto; per me queste erano cose che dovevano essere fatte rispettando al massimo quello che era il progetto. Questo, almeno, è il modo in cui lavoro io: prendo il progetto, lo guardo, lo studio, cerco di capirlo, trovo le soluzioni che vanno bene per quel progetto. Non adatto il progetto alla mia produzione ma mi reinvento tutte le volte per quel progetto. Questa cosa è stata la caratteristica che poi mi ha portato a fare anche le altre ceramiche. Tant'è che arrivo sempre tardi. In quell'occasione, per esempio, ho incontrato Ettore all'una, in corso Garibaldi davanti alla Galleria Jannone… la mostra inaugurava alle cinque. Gli ho aperto un paio di ceramiche lì in macchina che erano appena fatte e ancora calde, e non c'è stato mai niente da discutere. L'unione d'intenti sul modo di operare era già nata con Matteo Thun ed è naturalmente continuata. E poi nel 1997 ho deciso di lavorare più sulla ricerca e, per me, Ettore era il referente principale perché ero assolutamente affascinato dalle sue forme, da quel suo linguaggio che mi corrispondeva.

Beatrice Mascellani: Quando lei guarda, prende in mano un oggetto realizzato in ceramica su disegno dell'architetto, che cosa prova?

È una cosa strana… rischio di emozionarmi! Per me sono sempre stati più che degli oggetti. Dei mondi, delle cose che parlano anche di altro oltre ad avere una funzione – perché sono tutti oggetti che hanno una funzione – però, oltre a questa funzione, la forma, il colore, l'insieme dell'oggetto… Se ti metti di fronte all'oggetto e lo sai ascoltare e ti rendi disponibile a questo rapporto con l'oggetto, anche singolo, anche in un posto diverso dalla galleria o, che ne so, te lo porti in campagna, te lo metti in un campo e ci pensi sopra, ti accorgi che sono sempre oggetti che raccontano qualcos'altro. Ora, cos'altro è personale. È una sensazione spesso, più che una cosa precisa. Però sicuramente raccontano un'idea di spazio diversa.

AS: Essendo oggetti, racchiudono uno spazio. Un oggetto è chiuso in se stesso, in qualche modo, ed è interessante invece come le cose di Ettore riescano a esprimere uno spazio oltre quello chiuso dell'oggetto stesso. Mi vengono in mente le ceramiche "Yantra" che erano oggetti quasi da preghiera. Però sono un po' così. Potrei aggiungere anche, e mi è capitato in qualche incontro con Ettore, di notare questo suo rapporto di preziosità con le cose (penso a cosa dice della carta come materia). È un vaso da fiori, ma non è che lo uso per metterci i fiori per forza perché è una cosa preziosa. Non soltanto perché costa tanto – chiaramente costano anche tanto perché la lavorazione è lunga, precisa, lavorare bene significa avere tempi più lunghi ecc. – ma è una preziosità data dall'insieme delle forme, dalla superficie del colore, da come il colore riflette la luce e da come se la prende, l'assorbe. Quelle sensazioni, anche piccole, che tu puoi avere se ti metti in rapporto con l'oggetto. Questo di Ettore mi è sempre piaciuto moltissimo.

Le "Antiche ceramiche" che ho prodotto e realizzato (1994-1998, *N.d.A.*) sono anche dei luoghi, a parte un esercizio pazzesco di tecnica e di pazienza sconfinata. Una volta chiesi a Ettore se erano un po' anche delle architetture. Per lui non erano delle architetture, ma essendo un architetto, sono disegnate un po' in quel modo lì. Se tu guardi il Mari, quello beige, oppure il Ninive, queste fruttiere, che hanno le pareti staccate una dall'altra, ci entri dentro in un'altra dimensione. Ho provato per gioco con una macchina fotografica e con la telecamera ed entri dentro come se tu fossi in una piazza con delle architetture intorno. Questa cosa è stata ancora più dirompente nelle "Geology". Le "Geology" sono questa serie di ceramiche fatte tutte di lastre quadrate, di spessori e grandezze diverse, di tantissimi colori messi insieme in modo che probabilmente solo lui sa mettere... con il suo modo di accostare i colori. E sono nate anche in maniera molto divertente! Qui c'è un altro discorso che si può fare, del fatto che si possono fare anche con altri materiali. Ettore dice: "Queste si potrebbero far di legno ma poi, magari, i colori non si riesce a farli. Poi sono di legno, vengono un po' freddine". Io gli faccio: "Ma magari di ceramica sono anche più belle". E uno si mette a ridere perché è chiaro che è così. Poi lui dice: "Ma dai, te in fondo sei bravo. Le puoi fare anche in ceramica". La prima volta che abbiamo parlato di quel progetto ha preso una pila di libri e mi ha detto: "Guarda, queste sono le 'Geology'". Una pila di libri messi insieme. Quelle sono particolari per il fatto che hanno questo richiamo alla terra, a delle geologie terrene e, per me, sono stati oggetti molto importanti perché attraverso di loro ho fatto un viaggio personale, cioè un viaggio nelle mie personali "geologie". Le ho dovute decodificare e ricodificare. Cioè le ho dovute smontare tutte e poi rimontare, dividere, sezionare completamente, dividere ogni elemento dall'altro seguendo l'idea della geologia, dello strato. Quindi ho trattato uno strato per volta per poi rimetterli insieme. La cosa interessante è stata distruggere questi oggetti strato per strato. Per sei-otto mesi sono stato in mezzo a numeri e basta. Non più a dei vasi e fruttiere ma sono stato in mezzo a delle cose quadrate con dei numeri sopra, con delle misure, come in una specie di vuoto. Il numero glielo davo io per riconoscerle una dall'altra. Alla fine queste forme-non forme venivano rimontate, messe in una cassa e mandate via. Praticamente sono oggetti che vedo solo quando ho finito il lavoro.

AB: Siamo qui, nel suo laboratorio, circondati da oggetti di ceramica colorata, da oggetti di ceramica bianca opaca, da polvere bianca che ricopre gli oggetti. Siamo circondati da stampi, da forni, da attrezzi del mestiere, da disegni. Ci racconta come si fanno tecnicamente le ceramiche?

AS: La tecnica è quella del colaggio. Si fanno dei volumi vuoti internamente. Per capirsi meglio, si potrebbe dire che si fanno degli scatolati. Quindi si fanno queste forme di gesso, si studia il sistema di colare in queste forme, di riempirle, cioè, con l'impasto liquido. Poi c'è un tempo di attesa in cui l'impasto fa spessore, per ottenere, per capirsi, lo spessore che desideri a seconda del pezzo. Ci sono alcuni pezzi che vogliono meno spessore, altri di più. Questo lo vedi dall'esperienza perché magari coli un pezzo troppo fine, lo vai a lavorare e non regge, ti si rompe, oppure si piega male e sai che la volta dopo lo devi lavorare diversamente. Quindi aggiusti sempre un po' il tiro.

BM: Può parlarci degli stampi che ha usato per colare gli oggetti di Sottsass?

AS: Gli stampi sono delle forme in gesso. Questa, per esempio, è un tipo di forma dove la scelta è di colare in piedi. Viene riempita in verticale per una ragione semplice: perché se io la riempio in orizzontale le pareti si staccano. Così invece anche per pezzi con dimensioni di 40 per 40 centimetri, vengono fuori delle pareti lisce. In questo caso è il 9A9. Questo è un pezzetto di un vaso. Poi le lastrine vengono sformate e chiuse completamente… anche gonfiate un po', soffiandoci dentro aria. Poi chiudo i due fori di entrata e uscita dell'impasto e le metto ad asciugare in mezzo a delle lastre di gesso con della stoffa intorno, in maniera che non prendano… freddo. Nel momento esatto dell'essiccamento, quando la terra ha preso la sua consistenza, cioè sta in piedi da sola ma non è ancora rigida, ancora seccata, le sgonfio perché il pezzo rimpicciolisce un po' durante l'essiccamento, ed essendo chiuso, l'aria che c'è dentro spinge sulle pareti e alcuni pezzi gonfiano anche di alcuni millimetri. Quindi faccio un piccolo forellino per l'aria e le rischiaccio fra due lastre di gesso. Dopo di che vengono tutte rifinite e rettificate una per una. Inizialmente le lavoravo a lametta, a mano, poi con la carta vetrata più o meno grossa. Chiaramente è un sistema che non è facile automatizzare. Sono oggetti fragilissimi perché quando la terra è secca la rompi con estrema facilità. Dopo la rettifica c'è la spugnatura, con l'acqua, dove si uniforma tutta la superficie. E quello è anche il momento in cui rimetto a posto tutte le cose sbeccate e tutti gli spigoli che è la caratteristica, lo spigolo, che le fa vivere maggiormente queste ceramiche. Lo porto a spigolo tagliente, poi lo ammorbidisco leggermente in maniera che al tatto non graffi.

E poi c'è la cottura. La prima cottura a 1030 gradi, in forno, dove i pezzi vengono incasellati a seconda della grandezza. Per la prima cottura le ceramiche vengono messe sempre in verticale e protette dal calore troppo diretto. La cottura è molto lenta per evitare piegature, distorsioni, rotture. E poi c'è la smaltatura. La smaltatura significa prendere tutti i pezzi, dividerli per i 48 colori, impazzire con i colori, con i numeri nel caso delle "Geology".

Per le "Antiche ceramiche" è un po' diverso perché hai a che fare con dei volumi. I pezzi vengono incollati con la terra stessa, da freschi, con la stessa terra dell'impasto – è più corretto dire assemblati – stando attenti che sia il momento giusto, perché lì ci sono i vari ritiri. Se io ho un pezzo fatto da cinque-sei elementi, devo controllare che questi abbiano lo stesso grado di umidità. E poi, in quel caso, c'è la rifinitura che è assai più complicata perché lavori su un volume e non su un piano e quindi per rettificare lavori quasi tutto a lametta, che ho trovato essere lo strumento più indicato: che siano diritte o curve, le lamette sono affilate e con una buona linea di contatto sulla superficie del pezzo, quindi lavori in un certo modo.

AB: Alla fine una serie di ceramiche Sottsass si compone di circa una dozzina di pezzi, tutti diversi uno dall'altro per forma, spessore, colore. Prima di ottenere il risultato che si è prefissato, quello che corrisponde all'idea di progetto, quello che vi soddisfa entrambi, immagino dovrà fare molte prove.

AS: Nelle "Antiche ceramiche", per esempio, all'inizio non riuscivo a farne venire fuori nemmeno una. Poi ho trovato delle soluzioni facendo delle modifiche all'impasto e la cosa è migliorata. Ci sono le volte che va tutto bene e ci sono le volte che di tre pezzi ne devi rifare tre. Dipende anche da come sto io, da quanto sono nervoso, da quanto riesco a essere concentrato, dal fatto che hai fatto un piccolo errore. Anche se conosci la tecnica, anche se conosci il pezzo.

Intendo dire che quello in cui ti vieni a trovare è un equilibrio fragile.

BM: Prima di procedere al colaggio dentro agli stampi, c'è una fase di analisi dei problemi del singolo pezzo, delle varie soluzioni, ci sono le prime prove su piccole parti. C'è, in pratica, quella che si può definire la fase dell'ingegnerizzazione che, immagino, sia di fondamentale importanza anche se poi, come ci ha detto, anche il caso influisce sui risultati. Lei come affronta questa fase di studio?

AS: Sì, prima c'è tutta la parte dell'ingegnerizzazione, cioè come dividere questi volumi in maniera da poter essere "formati". Nel caso delle "Antiche ceramiche" sono partito con 2,5 centimetri di spessore della parete. Il singolo pezzo, io non lo posso fare pieno, lo devo fare svuotato, scatolato. Dentro è vuoto. Quindi decido come sezionare il pezzo per poterlo formare perché chiaramente con la forma in gesso non riesco a entrare in spazi stretti o profondi, quindi devo tagliarlo in maniera da poter formare il dentro e il fuori e dopo rimetterlo insieme. Questo qui che è il Gerico, per esempio, è composto da cinque pezzi riuniti insieme. Dopo di che, vanno tutti ripuliti. Quella è l'ingegnerizzazione; lo studio di come poter fare il modello in funzione della forma, del colaggio. Per la collezione di undici pezzi che ho fatto per Ettore ho impiegato sei mesi di lavoro tra fare i modelli, fare le forme, fare le prime prove, tutta la ricerca del colore che è infinita. Dopo ci sono un po' anche le fortune o le brutte sorprese dove magari vedi che quella che avevi scelto non è la soluzione adatta. Persepoli, per esempio, ha dei volumi che hanno spessori diversi quindi comportamenti diversi nell'asciugatura e nel ritiro.

AB: Possiamo, scherzando, dire che c'è forse anche un po' di cattiveria da parte del disegnatore? Ossia una sorta di fiducia illimitata nelle capacità del ceramista che lo costringe a fare i salti mortali per ottenere quei pezzi?

AS: Ho sempre considerato questo come sfida. Ben venga, allora, la cattiveria del disegnatore, se c'è una ragione. E con Ettore una ragione c'è. La sfida è una sfida interessante. A volte anche tremenda. Ci sono dei momenti, durante il lavoro, molto vividi dove si tirano anche i pezzi contro il muro... ma ci sono anche dei momenti di estrema calma, momenti di una calma quasi "orientale". Per me è tutta una sorpresa. Non è un piccolo miracolo perché sai che lo puoi fare. Però, quando tutto funziona perfettamente, allora ti senti veramente soddisfatto. E per tutti i pezzi la cosa si ripete perché sono tutti diversi uno dall'altro. A volte si fanno anche errori banali, incidenti di percorso che capitano. Anche solamente quando sposti le ceramiche, devi stare molto attento a cosa fai, a dove prenderlo, alle fragilità particolari di quel pezzo.

BM: Sottsass ha fatto molte ricerche sul colore. Si può dire che il colore sia una componente inscindibile del progetto. Nelle ceramiche questa ricerca degli accostamenti, della lucentezza, dell'opacità, la diversa granulometria risulta molto evidente. Cosa può raccontarci della sua personale esperienza per quanto riguarda il colore?

AS: In questa serie delle "Geology", ma anche per le "Antiche ceramiche", ho fatto molte, moltissime prove di colore. Credo di avere pensato, pesato, miscelato, setacciato, applicato, cotto, più di duecento diverse formulazioni di smalti. A un certo punto ero abbastanza soddisfatto del risultato, ho chiamato Ettore, ho messo tutte queste piccole piastrine colorate in piccole scatoline di cartone divise per colore, i bianchi, i rossi, i marroni, i neri, e gliele ho portate... una borsa piena!

Ettore ha chiuso la porta del suo studio e ha incominciato ad aprire le scatoline e quasi subito ha iniziato a sparpagliarne il contenuto sul tavolo!... L'ordine è sparito in un attimo, ma è stato bello vedere tutti quei colori, tutte quelle materie invadere il laminato chiaro del tavolo e la felicità di poter guardare, scegliere ma anche toccare le varie superfici. Uno si sente un po' "bambino" a volte perché sta lavorando ma anche un po' giocando... ed è anche così.

Io ho sempre pensato di avere difficoltà con il colore e sono affascinato dalla sapienza con cui Ettore riesce a usarlo. Posso dire che quando "cerco" un colore io cerco anche una materia... se è un azzurro, lo stesso tono di colore lo provo più o meno opaco e l'opaco più o meno trasparente, magari con o senza una grana, una struttura dentro e la superficie più o meno morbida o rugosa e in tutto questo, provo come riflette o entra la luce, cambia... e così via. Poi un colore va sopra una forma, diventa una data forma e qui diventa anche un'altra storia... magari hai fatto un colore bellissimo ma dove lo metti?... Questo può cambiare moltissimo.

Come cambia anche da crudo a cotto. Negli smalti mat, la fusione del vetro in forno, non avviene per galleggiamento, cioè sulla superficie come per lo smalto al titanio. Nella maggior parte degli smalti mat che uso, la mattizzazione avviene perché durante la fusione la struttura del vetro rimane ad "aghi". Cioè, se io guardo al microscopio elettronico la superficie, vedo dei cristalli messi per diritto, vedo tutte punte messe in fuori. È per quello che risulta all'occhio un vetro opaco, come sabbiato.

AB: Nel suo laboratorio vediamo molti pezzi di ceramica messi ad asciugare, prove, pezzi rotti, pezzi crepati. Quando l'impasto non è ancora entrato in forno, cioè è ancora una terra lavorabile, immagino che sia molto fragile. Ma quando un oggetto di Sottsass esce dal forno e uno lo va a comprare e sa che lo pagherà il suo giusto, qual è il suo livello di fragilità?

AS: È una domanda legittimissima. Questa è la cosa anche interessante della ceramica. È un materiale poverissimo. La ceramica è un impasto calcareo quindi assolutamente niente di pregiato.

BM: Per esperienza sappiamo che una superficie curva ha una sua resistenza datale proprio dalla forma mentre una superficie piana è notoriamente più fragile. Nelle ceramiche di Sottsass vediamo che sono usate entrambe le forme, si potrebbe dire, con molta disinvoltura, quasi a creare una sorta di tensione visiva nell'oggetto.

AS: La superficie curva ha una sua resistenza, la superficie liscia anche. È lo spigolo che ha pochissima resistenza. Ma questo anche se lo facessi in porcellana che è un materiale pregiato che viene cotto a 1300-1400 gradi. Chiaramente queste ceramiche di Ettore sono oggetti da tenere in un certo modo. Lo spigolo chiama la fragilità. Però questa è un po' l'arte della fragilità. La forma del quadrato ha delle tensioni assolutamente folli. La terra in cottura arriva a 575 gradi, più o meno, e ha una trasformazione. La terraglia è come se fosse composta da prismi che stanno in una certa posizione tra di loro. A quella temperatura questi prismi cambiano di posizione. Avviene ciò che si chiama comunemente shock termico. Il calore arriva per induzione; su una superficie tonda ogni parte ha uno scarico di forze mentre su una superficie quadrata la cosa è più complessa. Le "Antiche ceramiche", per esempio, sono pezzi grandi con un dentro e un fuori. Devi capire come arriva il calore: sullo spigolo arriva subito, tra spigolo e spigolo arriva un po' dopo e sulla parete interna arriva ancora dopo. Il gioco nella curva del forno è di far accadere tutto questo in maniera più omogenea possibile. Questo problema c'è anche nell'essiccamento. Questo è un problema generale della ceramica ma è vero che qui, nelle ceramiche di Ettore, quei problemi sono portati all'esasperazione. Sono ceramiche impossibili. Certo, ci potrebbe essere anche qualcosa di tecnologico. Per esempio, quando i fornitori mi hanno cambiato il materiale, ho dovuto buttare via tutto il lavoro e rifare la ricerca. Ci sono problemi legati alle cave, alle multinazionali... È tutto molto complesso. Potrebbe essere una storia tecnologica, forse, ma sicuramente è una storia empirica. Hai del materiale, provi, testi, cerchi di capire e speri che funzioni. Nelle "Geology" le pareti si rompono o si piegano. Una di queste, una fruttiera, è formata da una lastra di 52 per 52 centimetri. Cioè è un tavolino. Non è piccolo. Probabilmente altri ceramisti avrebbero pensato ad altre soluzioni. Alla fine, per una ragione di possibilità di colori, di smalti, di risultato finale delle superfici, ho preferito questa soluzione. A volte ci batto la testa. Dopo di che, perché anche a me piace lavorare con una maggiore qualità, ho provato a lavorare con un altro materiale che è quasi un gres che cuoce a 1180 gradi e che ha una resistenza decisamente maggiore. Poi fai degli esperimenti molto empirici sugli spigoli e vedi che la differenza tra i due materiali c'è. Però rimane sempre un punto più fragile. E poi lo spigolo, in questo caso, è parte integrante del progetto. Voglio dire che questa precisione è parte integrante del progetto. Il fatto che la quantità di smalto sullo spigolo è minore e lo scopre in parte, quindi il colore è più chiaro, questo determina anche la vividezza del pezzo, la vitalità del pezzo, non so come dire. Questi pezzi hanno una superficie che si legge in profondità in qualche modo che è diverso se avessi tutto l'oggetto dello stesso tono di colore. Io nello spigolo riesco a intravedere anche una sfumatura dello smalto fuso, lì la luce entra diversamente. Questo crea un piccola meraviglia in qualche modo, no? Queste cose le fai solo perché c'è passione, sennò chi te lo fa fare? Io ho fatto anche molto arrabbiare Ettore. Una volta m'ero messo in testa di fare queste ceramiche di Buddha, per lo meno sui disegni c'era scritto questo nome, poi non so come le hanno chiamate, ... m'ero messo in testa di farle con questo semigres e dovevo farle in bianco. Uno è un pezzo di longarina, per intenderci, per semplificare, un altro è un cubo, un altro un parallelepipedo con un tubo dentro e un altro è un cubo con una palla sopra. Io ho pensato che dovevano avere un bianco che parlava da solo. E quindi ho fatto tutta una serie di prove e ho trovato un bianco mat che mi piaceva che ha una certa brillantezza. La luce si riflette in maniera uniforme ma in maniera un po' più brillante. Ho usato una terra delle Filippine per il colore marrone bruciato, un colore molto bello. Del colore sono molto soddisfatto. Faccio questa prova, porto a Ettore gli esperimenti e lui mi dirà: "Mi piace. Non mi piace". Quella volta l'ho fatto arrabbiare moltissimo perché avevo preso un appuntamento nel suo studio ma dovevo aspettare che i pezzi uscissero dal forno. Però si rompevano e ho fatto tardi. Lì il problema era il ciclo di cottura che doveva essere ancora più lento anche se era solo a 80 gradi. Per quei pezzi ci vogliono tre giorni di cottura. E anche la smaltatura richiede il suo tempo perché li ho smaltati dentro e fuori, anche se dentro nessuno la vedrà mai. Quando li ho messi sul tavolo e li abbiamo guardati, tutto è passato.

Ne ho fatto uno in ceramica e uno in gres e li ho portati, due pezzi uguali e gli ho detto: "Ettore dimmi te". E lui mi ha detto: "Falli in gres perché quel bianco è proprio bello". Perché uno era una ceramica morta e l'altro era una ceramica viva, non so come dire. Nonostante l'oggetto fosse assolutamente lo stesso. E qui lavori volentieri con Ettore perché è una persona che fa attenzione a questo tipo di cose. In questo c'è sempre stata un'intesa.

Interview with Alessio Sarri
by Alessio Bozzer and Beatrice Mascellani

Alessio Bozzer: Your testimony of a craftsman such as yourself, a ceramist, seems particularly important to us. Craftsmen have been spending whole days with Ettore Sottsass to carry out his objects. They have had to deeply understand the idea behind those projects. I believe that at a certain point you understood what Ettore wanted to say with his objects and acted consequently. Would you please tell us how your cooperation began?

Alessio Sarri: Ettore… yes, I often used to see him in Milan. I got in touch with him in 1981 regarding Memphis's objects and then we met for the first time. At that time I did not know anything. I had made Matteo Thun's "Rara Avis," sixteen very dynamic ceramics. I liked Ettore very much because he was impressed by the way I had made the caps. This struck me because I had actually been very careful about the details, both inside and out. It is that kind of care that cannot be seen, that is hidden to the human eye. You have to take the object, open it and turn it around to see certain things. Ettore noticed the caps, which I obviously liked. Then years went by. What I first did with Ettore was "Indian Memory" in 1987. There my collaboration with Ettore began, even though it had begun before based on our trusting each other. Then I went to his studio in Milan. We had a little chat. In the case of "Indian Memory" he showed me some prototypes, then he sent me some drawings and I started making something. I have always worked paying great attention to the project. I thought such things must be done sticking to the project as much as possible. This is the way I work: I take an object, I look at it, I study it, I try to understand it, I find solutions that may suit the project. I do not adapt that project to my production. I change my way of working all the time to meet the project. This is what has led me to make all the other ceramics too. And this is the reason why I am always late. For example, that time I met Ettore at one o'clock in Corso Garibaldi, in front of the Jannone Gallery… The exhibition opened at five. I opened for him some ceramics in the car. They had just been made and were still warm. We never needed to discuss anything. Our methods of work coincided. In 1997 I decided to work more on research and Ettore was my main reference point, as I was enchanted by his forms and by his language, which agreed so much with me.

Beatrice Mascellani: What do you feel when you see and hold a piece of pottery designed by the architect?

AS: It is a strange feeling. A strong emotion! They have always been more than objects to me. They speak about something that goes behind their function. They all do have a function. However, they also have such a form, a colour… the whole of them is special. If you stand in front of an object and listen to it and you are willing to establish a relationship with it, maybe outside the gallery, maybe taking it to the countryside, on a field, and you think over it, then you realize that these objects always tell a different story. What exactly depends on who you are. It is mainly a sensation. What is certain is that they tell a different idea of space. Being objects, they have a space inside. An object is closed in itself and it is interesting to see how Ettore's objects manage to express a space outside themselves. I remember the "Yantra" ceramics. Those objects would be suited almost to pray. Meeting Ettore sometimes I noticed his relation of preciousness with things, think for example of what he said about paper as a material. It is a vase for flowers, but you can also not put flowers in it. It is a precious object, not just because it is expensive. They are obviously expensive because to make them you need great care, great precision and therefore a longer time and so on. They are also precious because of their forms, of their colour, of how colour reflects light, of how it absorbs it. These are sensations, even little perhaps, that you can feel if you establish a relationship with the object. I have always liked this very much in Ettore.

Apart from showing an incredible technique and amazing patience, the "Antiche ceramiche" I have produced (1994–98) are places. Once I asked Ettore if they were also architectures. He said they were not. Since they had been designed by an architect, however, their style reflected it. Look at Mari, the beige one, or Ninive. Look at such fruit-bowls with their sides detached from one another. You can get into them, you get into another dimension. Just for the sake of playing a bit, I have tried with a camera and with a telecamera, and I could actually get into it, just as if I were in a square surrounded by architectures. This impression was even stronger with "Geology." "Geology" are pieces of pottery cut out in squared layers of different thickness and size, and their many colours are matched in such a way that only he can manage. And the way they were born is fun! Here I should say something about materials. Ettore says: "These ones could have been made of wood, although perhaps you would not manage to make colours. Besides, wood... you know it is not so warm..." Then I laughed, because he was obviously right. Then he adds: "Come on, you are good. You can make them in ceramics." The first time we discussed that project, he took a pile of books and said: "Look, these are 'Geology'." A pile of books. "Geology" are peculiar because they remind one of the soil and of earthly geology. They have been of great importance for me because they have taken me through a personal journey, a journey through my personal "geologies." I have had to decode and codify them again. I have had to disassemble them and reassemble them, to divide every element of them from the other following the concept of geology, of layers. I dealt with each single layer before reassembling them. What has been interesting is to destroy these objects layer by layer. I have spent six-eight months among numbers only. I was no longer among vases and fruit-bowls. I was among squared things with numbers on them, with some measures, just like in a kind of a void. I gave them a number to distinguish one from the other. In the end these formless forms were assembled again, put into a crate and sent away. These are objects I see only at the end of my job.

AB: Now we are here in your studio, surrounded by coloured ceramics, matt white ceramics, white powder covering everything. We are surrounded by moulds, stoves and tools. Would you tell us how you make ceramics?

AS: The technique used is casting. I make empty volumes. Something like boxes. Then I make these forms in chalk, I see how to cast the liquid mass into these forms. Then I wait depending on how thick I want each object. To find the exact thickness is a matter of experience. It may happen to cast an excessively thin piece which then breaks down or does not bend well. The next time you know you have to make it thicker.

BM: Would you tell us about the moulds you have used to cast Sottsass's objects?

AS: Moulds are made of chalk. For example, this is a kind of mould where we have chosen to cast the mass vertically. I filled it in vertically, because its sides would break down if doing it horizontally. In this way, the sides of objects as big as 40 × 40 cm will come out smooth. In this case it is 9A9. This is a piece of a vase. Then the mass is removed from the mould and closed completely. It is also inflated a little by blowing into it. Then I close the two holes and place them to dry between some slabs of chalk and wrapped in cloths so that... they do not suffer from the cold. As soon as the mass is consistent enough to stand by itself without being rigid and dry I deflate it because these pieces shrink while drying and, being closed, the air inside pushes the sides apart and some pieces may expand even a few millimetres. Then I make a small hole for the air and squeeze it again between two slabs of chalk. Then it is refined and rectified manually. First I use a blade, then some thicker or thinner sandpaper. It is clearly difficult to automate this procedure. These objects are extremely fragile, because when the earth is dry it breaks down very easily. After rectifying these objects I sponge them with water to make their surface uniform. Then is when I fix any imperfection and the edges. Edges are what make ceramics live. I make sharp edges, then I make them blunter so that they do not scratch.

Then I bake them. The initial temperature in the oven is 1030 degrees centigrade. There pieces are pigeon-holed according to their size. During the first baking ceramics are set vertically and protected from direct heat. Baking is very slow to avoid bending, twisting and breaking. Then there is glazing. Glazing means to take all the pieces, to divide them into forty-eight colours and to get crazy with colours, with numbers, in the case of "Geology."

As for "Antiche ceramiche" it is somewhat different because they are volumes. Pieces are stuck together—I should say assembled—using the same earth of the mass while they are still fresh. You need to do it at the right moment, as that is when the various pieces shrink. If my object is composed of five or six elements, I need to make sure that they have the same humidity. In that case, it is much more difficult to refine them because you are working on a volume and not on a plane, and therefore you need to use a blade almost always. I believe blades are the best. Whether they are straight or curved, blades are sharp and have a good line of contact on the piece's surface.

AB: In the end, a series of ceramics by Sottsass is composed of approximately twelve pieces of different forms, thicknesses and colours. I guess you need to make many attempts before achieving the result projected which both of you find satisfying…

AS: In making "Antiche ceramiche," for example, I had great problems at the beginning. Then I found some solutions modifying the mixture and things have improved. Sometimes all goes smoothly, and sometimes you have to do the whole job again. It also depends on my mood, on how nervous I am, on how concentrated I manage to be, on whether I have made a little mistake, even though I am very familiar with the technique and with the piece.

What I mean is that it is a delicate equilibrium.

BM: Before casting the mixture into moulds there is a stage in which you examine every single piece's problems, find solutions and then try on some small zones. In a word, there is the stage of engineering which I think is of great importance even though, as you have said, the outcome is also the result of fortune. How do you face this stage of study?

AS: Yes, first of all there is the engineering stage. That is, I study how to divide these volumes in order to be "shaped." In the case of "Antiche ceramiche," I started with a side thickness of 2.5 cm. I cannot make the single piece full. I have to make it empty. Then I decide how to dissect it in order to shape it, because of course chalk moulds can not get into narrow or deep spaces. Therefore I need to cut it in such a way as to make the inner side and the outer side and then I have to assemble it again. This one for example, the "Gerico," is made up of five pieces. Then I have to clean them all. That is the stage of engineering, when I see how to make the model, according to the shape and to the casting. As for the collection of eleven pieces made for Ettore, I have spent six months to make the models, the shapes, the first tests and for the research of colours, which is a never-ending task. There is also good luck or ill luck, where you see that the solution you chose is not the best one. For example, Persepoli has volumes that differ from each other in thickness and therefore behave differently regarding drying and size reduction.

AB: Can we say that there is some "wickedness" on the part of the designer? Can we say that s/he has kind of an unlimited trust in the ceramist who has to perform miracles to have those pieces made?

AS: I have always regarded it as a challenge. You ask me about the designer's wickedness? It is more than welcome, as long as it has a purpose. Ettore's "wickedness" does have a purpose. His challenges are interesting. Sometimes even terrible.

During our work there are very lively moments, when we throw objects against the wall... However, there are also moments of extreme, oriental I would say, calm. It comes as a surprise to me. It is not a miracle because you know you can do it. However, when everything works perfectly, then you feel really satisfied. It is the same for all the pieces, because each piece is different from the other. Sometimes we make silly mistakes. It happens. When you move ceramics you have to be extremely careful, you have to be well aware of how to handle them.

BM: Sottsass has carried out many researches on colour. Colour is an important aspect of all his projects. In ceramics a great role is played by colours matching, brightness, opacity and different granulometries. What can you tell us about your experience with colours?

AS: I tried a great number of colours in making the "Geology" series as I did when I made the "Antiche Ceramiche." I probably thought, weighed, mixed, sifted, applied and baked more than 200 different mixtures of enamel.

At a certain point I was quite satisfied. I called Ettore, I put all these small samples in little cardboard boxes divided by colour–the white, the red, the brown, the black–and I took them to him. It was a whole bagful!

Ettore closed the door of his studio and opened all the little boxes and in no time he started scattering the samples on the table! The order was gone, but it was beautiful to see all those colours, all those materials cover the pale laminate of the table. We were happy to look at, choose and also touch those surfaces. Sometimes I feel like a child, because I am working and playing at the same time...!

I have always had problems in handling colours and I am impressed by Ettore's wiseness in using them. When I "search" for a colour I search for a material as well... If it is an azure, I try the same tone in a brighter or in a more opaque way, and the opaque way can be more or less transparent, with or without one grain, a structure inside and a more or less soft surface. In all this I try the way it reflects or absorbs the light, how it changes and so on... Sometimes I find some wonderful colour but I do not know where to put it... This may change things a lot.

Colours also change after baking. Differently from titanium enamels, when baking mat enamels glass does not melt on the surface. In most mat enamels I use, during the fusion the structure of the glass takes the shape of "pins." That is, using an electronic microscope I would see vertical crystals, points of pins. It looks like an opaque glass, just as if it were sandblasted.

AB: In your laboratory we see many drying pieces, samples, broken or cracked pieces. I gather that before being baked masses are very fragile. How fragile will an object by Sottsass be when somebody buys it paying its due price?

AS: You are perfectly right. This is also what is interesting about ceramics. It is a rather poor material. Clay is a calcareous mixture. It is not precious at all.

BM: In our experience, curved surfaces are resistant due to their form, whereas flat surfaces are more fragile. In Sottsass's ceramics both forms are easily used. The result is kind of a visive tension in the object.

AS: Both curved and flat surfaces have their own resistance. It is edges where resistance is at a minimum. However, the same would be true for materials such as porcelain, which is precious and baked at 1300–1400 degrees centigrade. Obviously one needs to be careful about Sottsass's ceramics. Edges are fragile. One should bear in mind that this is the art of fragility. Squares have unbelievable tensions. Baking earth reaches 575 degrees approximately and is transformed. Earthenware is composed of kind of prims arranged in a given way. At that temperature prisms shift due to what is commonly known as thermal shock. Heat comes through induction. Every point of a round surface can unwind forces, whereas on squared surfaces it is more tricky. For example, "Antiche ceramiche" are big and have an inner and an outer side. It is important to understand how heat spreads through them. It immediately gets to the edges, then it passes from edge to edge, and in the end it gets to the inner side. When baking them, the big challenge is to make heat spread through objects as uniformly as possible. The same problem arises in the drying procedure. It is a general problem in ceramics, but in Sottsass's ceramics this problem is extreme. They are impossible ceramics. There could be some technology, of course. For example, when my suppliers changed material I had to throw all my work away and start my research from scratch. There are problems with caves, with transnational corporations... It is all very complicated. It might be a technological story perhaps. It certainly is an empirical story. You have some material, you try, you test, you try to understand and hope it will work. In "Geology" sides break and bend. One of them, a fruit-bowl, is made up of a 52 × 52 cm sheet. In fact, it is a table. It is not small. Other ceramists would have probably come up with other solutions. I have preferred this solution due to colours, enamels and surfaces. Sometimes it really drives me crazy. Since I like to work with a greater quality, I have tried another material. It is almost a gres which bakes at 1180 degrees centigrade and has a greater resistance.

If you do some very empirical tests on the edges, you can see that there is a big difference between these two materials. However, there will always be a point which is more fragile than others. In this case edges are part of the project. This precision is part of the project. On the edges there is a smaller amount of enamel which leaves edges partly uncovered. This makes the colour clearer and the whole piece more vivid, more vital, if you see what I mean... These pieces have a surface that you can read in depth in some way which is different than if you had all the piece in the same colour tone. In the edges I can even catch a nuance of melted enamel. Light gets there differently. This makes a little marvel, don't you think? You can do this only out of passion. For what other reason would you do it? Sometimes I have made Ettore very angry. Once I had in mind to make Buddha ceramics—at least that was the name on the drawings, I don't know what they were called in the end. I wanted to use semigres and they had to be white. One of them is a piece of longherina, another one is a cube, another one is a parallelepiped with a pipe inside and another one is a cube with a ball on top of it. I thought we should have a white which could speak for itself. I did some tests and I found a mat white with a certain brilliance which I liked. It reflected light uniformly but in a brilliant way. I used some earth from the Philippines to make a kind of burnt brown, a truly beautiful colour. I was very satisfied with it. Then I took this sample to Ettore. He usually tells me either "I like it" or "I don't like it." That time, however, he was really cross because I had an appointment at his studio but I had to wait to take the samples out of the oven. They were not ready yet and they broke down, so I was late. I was baking them at 80 degrees, but in fact I had to use an even lower temperature. Those pieces require a three-day baking. Also enamelling needs time. I enamelled them both outside and inside, even though nobody would ever see the inside. When I scattered them on the table and we looked at them it was all gone.

I made one of them in ceramic and another in gres. They were two identical pieces. I took them to Ettore and I said: "Ettore, you decide." He said: "Use gres. That white is really beautiful." How can I put it? One piece was alive, the other one was dead. They were exactly the same object. Still, they were different. This is when I really enjoy working with Ettore. He pays great attention to these kinds of issues. There has always been mutual understanding about this.

Intervista a Ettore Sottsass
di Hans Ulrich Obrist

Alla vigilia del suo novantesimo com-pleanno, Sottsass ha parlato con Ulrich Obrist del perché la grande architettura lo faccia piangere, del perché Memphis non potesse

essere eterno e del perché lui non sappia destreggiarsi tra i computer che ha progettato.

Hans Ulrich Obrist: Pur essendo più conosciuto come designer e architetto, lei ha sempre affrontato queste discipline formali da artista. Crede di avere più in comune con gli artisti?

Ettore Sottsass: Non ho mai pensato di essere un artista come può esserlo un pittore, perché sono un architetto. Quando studiavo architettura ammiravo i grandi maestri del funzionalismo: Le Corbusier, Mies ecc. Allo stesso tempo, però, ero un po' annoiato dall'idea del funzionalismo. Volevo avere il quadro d'insieme. Mio padre, architetto anche lui, ha studiato a Vienna, poiché a quel tempo la città del Nord Italia da cui proveniva era sotto l'Austria e dunque doveva studiare lì. A Vienna incontrò per caso un pittore serbo, molto anarchico e molto intelligente. Viveva all'ottavo piano di un orribile palazzo della periferia di Torino. Non aveva ascensore perché era un po' autolesionista e non voleva lussi. Aveva una moglie molto piacevole con una graziosa faccetta tonda che lavorava in teatro. Ricordo che una volta ero seduto a un tavolo con loro. Un tavolo proprio come questo. Stavano fumando, ma fumavano solo mezza sigaretta alla volta, perché in questo modo pensavano di fumare meno, e comunque andavano avanti a fumare finché le loro mani si scolorivano. Questo simpatico signore era molto romantico ma anche molto pittoresco, secondo me. Per dipingere usava solo le tempere. Si faceva i colori da sé e dipingeva sui fogli di giornale, perché non aveva tanti soldi. Gli piaceva lavorare per terra gettando la pittura sui fogli: una sorta di pittura gestuale che per l'epoca era abbastanza rivoluzionaria, prima di Pollock. Questo pittore aveva viaggiato per tutta l'Europa negli anni venti e trenta, e conosceva tutte le avanguardie di Parigi: i cubisti, i surrealisti, ecc. Mi raccontò molte lunghe storie, soprattutto sui dettagli delle tecniche pittoriche. Mi voleva insegnare che un artista deve seguire la magia, che è una specie di approccio anarchico al momento in cui senti di dover fare qualcosa. Mi ha incoraggiato a pensare attraverso le cose, e non solo sulle cose, perché appena un artista incomincia a pensare il lavoro è finito. Credo che questo abbia avuto una grande influenza sul mio modo di vedere il mondo e sul mio modo di lavorare.

Alla vigilia del suo novantesimo compleanno, il leggendario designer Ettore Sottsass volge lo sguardo a una vita che ha visto i campi di concentramento della Seconda guerra mondiale, le macchine da scrivere pop e una crescente curiosità.

HUO: Lei che si oppone all'architettura formale, come preferisce definire questa disciplina?

ES: Se stiamo parlando di architettura, vorrei dire che non sono un architetto industriale. Ho soltanto un piccolo studio con tre persone e non costruiamo grattacieli, ponti immensi o altre cose di ampie dimensioni. La chiamo architettura artigianale. Come mio padre, che era un architetto-artigiano. A casa nostra, dove lavorava, aveva una stanza e passava la notte cancellando gli errori, perché non voleva rifare il disegno da capo. Ovviamente a quei tempi non c'erano i computer.

Oggi basta che schiacci qualche bottone e puoi fare un disegno nuovo. Ma a quel tempo o cancellavi gli errori o dovevi rifare il disegno. Mia madre lo aiutava e anche lei passava le notti a cancellare. Ricordo che da bambino vedevo questi due poveracci con una lampada che cancellavano disegni. Eppure lui pensava che un disegno dove puoi vedere le tracce di ciò che è stato cancellato rende meglio l'idea della storia del lavoro, del pensiero che ci sta dietro e del perché sono stati fatti dei cambiamenti. Per un architetto come me che pensa dieci progetti, è già tanto se ne viene realizzato uno. In architettura, se si vuol essere un po' precisi, bisogna distinguere tra edificio e architettura. In una città, in ogni città, ci sono migliaia di edifici, ma sei fortunato se trovi due architetture, forse. Un'architettura per me non è solo qualcosa di esterno. È il disegno di un luogo dove se entri ti metti a piangere.

HUO: Oggigiorno si fanno sempre più mostre in musei e gallerie su designer e architetti. Lei l'ha fatto per decenni. Perché sente il bisogno di mostrare continuamente il suo lavoro?

ES: Ho sempre pensato che probabilmente sono egocentrico, che se voglio imparare devo mostrare quello che faccio. Voglio lanciare il mio lavoro nel mondo e vedere cosa succede. Se c'è una reazione positiva, negativa o se semplicemente non c'è reazione. Credo di poter imparare di più se il mio lavoro è nel mondo. A volte spargi su un tavolo schizzi, disegni e carte perché credi che in tutto questo caos ci sia qualcosa di buono. Ma quando una rivista ti chiede qualcosa da pubblicare devi essere più selettivo. A volte ti accorgi che in questo caos di carte non c'è nulla che valga la pena di pubblicare. O per lo meno devi essere più critico e proiettarti fuori dal tuo lavoro. Credo che questo sia il momento cruciale: quando ti vedi dal di fuori. Per me questo momento sopraggiunge spesso quando valuto se fare una mostra, quindi direi che le mostre hanno avuto un ruolo fondamentale nella mia vita.

HUO: Memphis è stato nella sua carriera uno dei momenti più significativi. Come si sente ripensando a quel periodo?

ES: Credo che ogni idea molto forte duri molto poco. Il cubismo è durato tre anni e poi è diventato surrealismo e poi un nuovo tipo di cubismo. Ma il cubismo vero non è durato molto. Dato che le idee forti sono tali, non si possono sviluppare. Sono quel che sono. Arrivano come un lampo. Sono lì e poi è finito. Non puoi dire "adesso prendo il lampo, voglio che duri poco o molto". L'uomo che ha finanziato la prima mostra di Memphis ha comprato il nome "Memphis" per un milione di lire, perché non ci importava del nome e non capivamo il valore del nome. Allora quell'uomo pensava di possedere tutto Memphis e ci ha chiesto di aumentare la produzione di mobili per aumentare le sue vendite. A quel punto abbiamo dovuto dire di no, perché non avevamo mai voluto fare qualcosa di vendibile. Dunque il gruppo ha deciso di dividersi. Alcuni individualmente sono diventati grandi professionisti facendo delle belle cose, alcune migliori altre peggiori. Tutti noi siamo tornati alla nostre vite.

HUO: Sono sempre stato affascinato dal numero di progetti a cui lavora comtemporaneamente: design, mobili, fotografia, mostre, testi, progetti architettonici in Europa, Asia...

ES: Veramente adesso lavoro a meno progetti rispetto a un tempo. Sto diventando troppo vecchio. Tutto sta nel trovare cosa è meglio fare. La sera sei vestito per andare a letto e la mattina per andare in ufficio. Ci sono tecniche diverse per vivere ogni attimo della giornata a livelli diversi. Soddisfare la curiosità funziona esattamente allo stesso modo. Onestamente non ho una risposta diretta su questo punto. Posso solo dire che sono curioso, nient'altro. Sono curioso di provare qualsiasi cosa. Ho provato a fare i più incredibili viaggi intorno al mondo con Barbara (Radice, la moglie, *N.d.A.*). Siamo andati da soli in Nuova Guinea, sul fiume Sepik, perché ero affascinato dalla possibilità di vedere l'uccello del Paradiso e dal mistero di questo luogo dove ancora oggi puoi trovare una cultura preistorica. Siamo andati molte volte in India. Sono molto curioso. Ero curioso di provare la fotografia. È parte di ciò che facciamo: leggiamo e facciamo, ma non credo che ci debba essere necessariamente una pianificazione.

HUO: "Domus" pubblica ogni mese una foto dei suoi viaggi. Pare che tutto sia nato con il suo viaggio in Russia e con la lapide funeraria di Malevič. Da allora abbiamo visto molte altre immagini forti. Ci può parlare della sua esperienza di fotografo?

ES: In generale si può dire che non sia un fotografo professionista. Agisco perché mi piace ciò che faccio. Devo dimostrare che sono capace di fare queste cose e volevo sapere fino a che punto sarei riuscito a penetrare la tecnica della fotografia. Porto sempre con me una Leica M6, che è così vecchia che tutti la stanno abbandonando sotto l'onda delle nuove videocamere digitali. Come sa ho lavorato con Olivetti alla realizzazione del primo calcolatore elettronico in Europa, che era grande più o meno come questa stanza. Il problema non era tanto di design, quanto di decorazione di interni (*ride*). A distanza di cinquant'anni abbiamo i computer in tasca, capisce cosa ha prodotto la tecnologia? È una rivoluzione enorme. Credo che dopo una certa età non sia possibile seguire tutti questi cambiamenti alla stessa velocità. Per essere onesto, non so bene cosa significhi "digitale" e non sono neanche capace di fare alcunché con i computer.

Interview with Ettore Sottsass
by Hans Ulrich Obrist

On the eve of his 90th birthday, Sottsass spoke with Hans Ulrich Obrist about why great architecture makes him cry, why the Memphis period couldn't last forever and why he doesn't know his way around the computers he once designed.

Hans Ulrich Obrist: Although you're probably best known as a product designer and architect, you've always approached these formal disciplines as if you were an artist. Do you feel you have more in common with artists?

Ettore Sottsass: I never thought I was an artist in the sense of being a painter, because I was an architect. When I was a student in Architecture school I admired the old masters of functionalism, Le Corbusier, Mies and company. But at the same time, I was a bit bored with the idea of functionalism–I wanted to see the bigger picture. My father, who was an architect himself, was studying in Vienna, because the town he was from in Northern Italy was under Austrian rule, so he had to study there. By chance, he got to know a painter from Serbia, who was very anarchic and very intelligent. He was living on the 8th floor of a horrible building on the outskirts of Turin, without an elevator, because he was something of a masochist: he didn't want any luxuries or anything. He had a very sweet wife who worked in the theatre; she had a very nice round face and I remember sitting around a table with them, just like this one, and they were smoking, but always only half a cigarette, because they thought they smoked less that way. But of course they kept smoking until their hands were totally discoloured. This nice man was, in my eyes, very romantic and very picturesque. He was only painting with tempera; making his own colours, and working on newspaper, because he didn't really have much money. He liked to work on the floor, to throw the paint, like gesture painting, which at that time was more or less revolutionary. This was before Pollock. This painter had travelled all around Europe in the 1920s and 1930s and so knew all the avant-garde groups in

Paris: the cubists, surrealists, and so on. He told me many long stories, mostly about details of painting techniques. In fact, he was teaching me that an artist should follow the magic which is sort of an anarchic approach to the moment when you feel you have to do something. He encouraged me to think things through and not just about things, because once an artist started thinking, the work was over. I believe this had a big influence on how I saw the world and how I approached my work.

On the eve of his 90th birthday, legendary designer and architect Ettore Sottsass looks back at a life that's seen Second World War concentration camps, Pop typewriters and an ever-increasing curiosity.

HUO: As you're opposed to functional architecture, how do you prefer to define this discipline?

ES: If we are speaking about architecture, I must say that I am not an industrial architect. I only have a small office with three people, so we don't build skyscrapers, or immense bridges or anything of significant size. I call it handicraft architecture, like my father who was an artisan architect. In our apartment, where he was working, he had a room, where he was erasing mistakes all night because he didn't want to redo the drawings. And of course there were no computers in those days. Today, you just push different buttons, and you can produce a new drawing. But at that time, you either had to erase your mistakes or redo the work. And my mother used to help him, erasing for nights. I remember as a small child seeing these two poor people with a lamp, erasing drawings. But he also thought that a drawing where you can see where things have been erased, does a better job of communicating the story of the work or the thinking that was behind it, and why certain changes were made. For an architect like me, if I conceive ten projects, I'm lucky if only one will be made. It's a very difficult profession to be involved in. In reference to architecture, if you want to be a little bit more precise in language, you need to understand the difference between architecture and buildings, because there is a very great difference. In a town in every town, there are thousands of buildings, but if you are lucky there are maybe two pieces of architecture. Architecture for me is not only external, but it is the design of a place that as you enter it, you start to cry.

HUO: These days, architects and designers are increasingly exhibited in museums and galleries, but you have been doing so for decades. Why the need to continually exhibit your work?

ES: I've always thought, probably because I'm egocentric, that if I want to learn something, I have to show what I'm doing. I want to throw my work into the world and see what happens. Whether the reaction is positive, negative, no reaction, or whatever, I think I can learn more if my work is in the world. Sometimes you lay sketches or drawings or papers out on a table because you think that there's something good to find in all this mess. But, when a magazine asks you to publish something, you have to be more selective. Sometimes you find that in this mess of papers there is nothing that can be published. Or at least you have a way of being more critical about these things to project yourself outside your work. And I think that this is the essential moment; when you see yourself from the outside. That moment often comes to me when I'm considering the possibilities of exhibiting my work so I would say exhibitions have played a fundamental role in my life.

HUO: The Memphis period of your career remains one of the most significant. How do you feel looking back at that time?

ES: I think that every strong idea lasts a very short time. Cubism lasted three years, and then it went into Surrealism and then maybe a new kind of Cubism, but the real classical Cubism didn't last long. Because strong ideas are strong, they cannot be developed; they are what they are. They come down like bolts of lightning; they're there and then *finito*. You can't say, now I take the lightning, I want it to last longer or shorter. The man who gave us the money to make the first Memphis exhibition bought the name "Memphis" for one million liras, because we didn't care about the name, and we didn't know the value of the name. Subsequently, this man thought that he possessed the whole idea of Memphis, and asked us to make more furniture to increase his sales. But that's when we had to say no, because we had never wanted to make anything that could be sellable. So, the group collectively decided to split up. Most of the people became individually great professionals, doing some nice things, some better, some less good. Everyone went back to life.

HUO: I've always been amazed by the broad scope of projects you're working on at any one time: design, furniture, photography, exhibitions, texts, architectural projects in Europe, in Asia...

ES: Actually, I'm working on fewer projects these days than I used to; I am getting too old. But it's all about finding out what fits; in the evening you are dressed for bed and in the morning you are dressed to go to the office; then lunch with a client so you have to put on a tie. There are different techniques for living every moment of the day on different levels. It's exactly the same thing when it comes to satisfying your curiosity. To be honest, I have no direct answer to this. I can only say that I am curious; that's all. I'm curious to try anything. I've tried with Barbara (Radice, his wife, *N.o.A.)* to have the most incredible trips around the world. We went alone to New Guinea, on the Sepik River, because I was fascinated by the story of looking for the Bird of Paradise, and the mystery of this place where today you can still find a prehistorical culture. Then we went to India many times. I am very curious and that's the main thing for me. I was curious to try photography. It's just part of what we do; we read and we do, but I don't think there is necessarily a plan.

HUO: Each month, *Domus* magazine publishes a photograph from your journeys. It all seems to have started with your trip to Russia and the tombstone of Malevich. But since then, there have been many other strong images. I was wondering if you could talk about your photographic practice?

ES: Generally speaking, I'm an amateur photographer, not a professional. I do things because I love to do them. I need to prove that I am able to do these things, and wanted to know how far into photography I could go as a technique. I go around with a Leica M6, which is already so old it's been abandoned, because of the new wave of digital cameras. As you know, I worked with Olivetti on the first computer in Europe, which was more or less as big as this room. So, the problem was not one of design, it was more a problem of interior decoration (laughs, *N.o.A.*)! And fifty years down the line, we're now at the point where we have computers in our pockets, so you can imagine what technology has produced; such an immense revolution. I think that after a certain age, one cannot follow all of these changes at the same speed. To be quite frank, I don't actually know what digital means, and I am not able to do anything with computers either.

Lea Vergine

Ettore Sottsass mi piace molto anche per come scrive e per i temi di cui si occupa. È una creatura politica e, per molti versi, scandalosa. Ettore è politico, senza fastidiare con fanatismi ideo-

logici per la sua ininterrotta opposizione a qualunque tipo di cattivo gusto; è politico perché ogni suo scritto o discorso è sempre connesso al senso della vita pubblica; è politico senza essere moralista e non sfoggia mai massime a sfondo educativo.

È scandaloso perché, essendo architetto figlio di architetto, rivolge attenzione ai tramonti, agli animali, alle piante, ai rituali del cibo, ai poeti, all'eros, alla morte. Dal 1946 ha sempre scritto senza alcuna supponenza e senza alcuna certezza. Ha narrato di stagioni e stazioni del nostro itinerario psicologico, affettivo e culturale con un tono mai accademico, mai didattico, sempre alieno da qualunque forma di proselitismo. Basterebbe questo a rendercelo amabile e sodale. Famoso anche per il suo design, passato alla storia e alle cronache semplicemente come "l'Ettorino", in realtà è tante altre cose: divulgatore di quella dimensione di stare al mondo che fu detta, negli anni sessanta, contro-cultura, fotografo, disegnatore, alessandrino per molti aspetti, anacoreta corrotto, tuttavia persona capace di vivere all'altezza dei propri sogni. Colui che, circa quarant'anni fa, mi piaceva chiamare "la *gaffe* umana del disegno industriale", per esempio, scrive "tutti abbiamo bisogno di nasconderci, abbiamo bisogno di avere amici sorridenti, abbiamo bisogno di guardare gente che mangia e che canta. Abbiamo un estremo bisogno di calma". Inoltre, quel che rende ogni suo scritto extra-ordinario è il fatto di saper mescolare, come d'istinto, dramma e ironia, memoria e ricordo, malinconia e sdegno, sbigottimento e gioia. Tutto questo non come può farlo un adulto, piuttosto come farebbe un adolescente al quale stanno sottraendo lo struggimento e lo stupore della giovane età.

Sottsass scrive sempre "io": "io non capisco", "io non so", "io non sono sicuro", "io non so se mi sono spiegato"; scrive sempre "io". Ci sono molti modi di usare l'io e Sottsass riesce là dove la più parte degli scrittori fallisce: il farsi da parte intanto che si racconta o racconta.

Lea Vergine

I like Ettore Sottsass very much also because of his writing style and of the topics he deals with. He is a political creature, and in many ways scandalous as well. He is political insofar as he inexhaustibly opposes all kinds of bad taste, without drifting into annoying ideological fanaticism. He is political because all of his writings and speeches are connected to the sense of public life. He is political without being moralist and never flaunts educative principles.

He is scandalous because, being an architect son of an architect, he turns his attention to sunsets, animals, plants, food rituals, poets, eros and death. Ever since 1946 he has written his texts with no haughtiness and no certainty whatsoever. He has told seasons and stages of our psychological, sentimental and cultural itinerary without ever sounding academic or didactic, and keeping distance from any kind of proselytism. Just this would be sufficient to make him lovable to us.

He is famous for his design and he is simply cited in books and journals as "Ettorino." In actual fact, however, he is much more. He is the popularizer of that philosophy of life called "counter-culture" in the 1960s. He is a photographer, a designer, an Alexandrian in many ways, a corrupted anachorite and yet someone capable of living at the height of his own dreams. For example he, the one who about forty years ago I liked to call "the human gaffe of industrial design," has written "we all need to hide, to have smiling friends, to see people eating and singing. We have an extreme need of peace." Moreover, what makes any of his writing extra-ordinary is his ability to combine tragedy and irony, memory and remembrance, melancholy and indignation, astonishment and joy just as if out of instinct. He manages to do it not just the way adults normally could. He does it the way a teenager would do, were he stolen the anguish and the wonder of youth.

Sottsass always writes "I." "I do not understand," "I do not know," "I am not sure," "I do not know if I have made myself quite clear." He always writes "I." There are many ways to use "I." Sottsass manages to do what most writers fail. He puts himself aside both while narrating and while narrating himself.

Esposizione/
Exhibition

USCITA
ENTRATA
AUTORIMESSA
MUSEO
"TEMPIO DELL'ARTE

Di notte non sogno ma di giorno*. Parole per Ettore Sottsass

Marco Minuz

Come. Potrebbe finire qui, in questa parola dal suono veloce e dal significato incerto. In grado d'interrogare ma anche di prendersi cura di spiegare. Quasi anticamera fra quello che chiediamo e quello che otteniamo, una piccola stanza dove ci si tolgono rispettosamente le scarpe per entrare e dove le si indossano per uscire.

Ogni pensiero, ogni scritto, ogni mostra dedicata a Ettore Sottsass dovrebbe, a parer mio, iniziare sempre con un *come*. Una condizione che permetterebbe di abbracciare la complessità presente in ogni aspetto del lavoro di Sottsass.

Mi piacerebbe aprire la sua carta d'identità, tenerla fra le mani e leggere la sua data di nascita, la sua altezza, il colore dei suoi capelli, i segni particolari e soprattutto guardare quello che c'è scritto sullo spazio dedicato alla professione. Se ci fosse scritto architetto o designer credo sorriderei chiedendomi *come*? Forse lo era in un giorno del 1939 quando uscì dal Politecnico di Torino con il titolo di architetto, o quando nel 1958 Olivetti lo invitò a diventare il designer per la sua azienda, o quando aprendo semplicemente una lettera speditagli da qualche prestigiosa università o coraggioso imprenditore, leggeva il suo nome preceduto dal titolo di architetto.

Ma in fondo se mi limitassi a semplici considerazioni biografiche credo basterebbe la parola "perché", termine sicuramente più sicuro e maschile e meno fragile.

È necessario il *come* per parlare di Sottsass, perché alla base c'è l'esplorazione delle complicate e raffinate interconnessioni fra la sua professionalità e il suo essere. Ettore Sottsass non è una serie di oggetti e forme regalate alla storia, un ordinato manuale su cui si sono formati e si formeranno giovani professionisti, o un'icona della creatività italiana; Sottsass è soprattutto un pensiero, un sentire, una sensibilità.

Come sottolinea Demetrio Paparoni nell'introduzione del volume che raccoglie i principali scritti di Sottsass[1] vi è differenziazione d'uso postulata da Sottsass e trasferita alla sua produzione. Non sono mai quello che vogliono essere, librerie, vasi o abitazioni ma riescono a diventare sempre qualcos'altro, diventano oggetti di presenza invece che di rappresentanza. Ogni suo oggetto è come se contenesse un doppio fondo, passaggi segreti: si decide di possedere suoi lavori perché si sa, in maniera più o meno consapevole, che a un certo punto qualcosa di inaspettato apparirà o qualcosa di conosciuto deciderà di scomparire. Sono oggetti belli, seducenti, sempre truccati con qualche linea di colore ma allo stesso tempo pericolosi perché possono, in un passaggio misterioso e non prevedibile, diventare qualcos'altro.

Non riesco a immaginarmi Sottsass come un contenitore dove sono esposte, in maniera più o meno orgogliosa, esperienze, storie, viaggi, ricordi, progetti e amori; semplici segni di riconoscimento che riusciamo facilmente a comprendere e collocare in una linea temporale spiegandoli con un "perché".

Sottsass invece per me sta dentro a questo ipotetico contenitore, è il suo vuoto. Questa è la sua dimensione e forse, con rispetto verso tutti i grandi maestri che si sono confrontati con il vuoto, la sua grande opera di architettura.

Per discutere del vuoto si finisce sempre per parlare di intimità, paure e sensibilità; nel vuoto forse siamo tutti nudi, senza scarpe e con gli occhi alla ricerca di qualche punto di riferimento. Come una volta Sottsass scrisse, riportando le parole di Lao Tsé: "L'utilità della brocca sta nel vuoto in cui viene versata l'acqua, non nella forma o nel materiale in cui è fatta. Il vuoto è onnipresente, perché può contenere tutto. Solo nello spazio vuoto può esservi il movimento. Colui che riuscirà a fare di se stesso uno spazio vuoto, nel quale altri potranno penetrare liberamente diventerà padrone di tutte le situazioni"[2].

Riflettendoci i capolavori di Sottsass come la libreria Carlton, la macchina da scrivere Valentine, le Ceramiche delle tenebre hanno una speciale dote: sono cose tangibili in grado forse di controllare e possedere un po' il vuoto. "L'idea era che un oggetto o un mobile possono essere elementi importanti per aggrapparsi alla vita"[3].

Il vuoto, inteso come assoluta libertà, mancanza di schemi precostituiti e luogo in cui circolano liberamente esperienze vissute, anima tutta la produzione di Sottsass (quella che spazia dalla ceramica alla fotografia, transitando per il disegno, il design, l'architettura, il vetro e il gioiello); una produzione estremamente complessa e articolata, che si alimenta di un continuo intersecarsi di esperienze. C'è quasi una forma di anarchia nel suo lavoro, svincolato da tratti politici; un'anarchia espressiva completamente libera da modelli precostituiti.

I suoi oggetti sono un costante esercizio per deviare la nostra fiducia dal vedere al sentire del nostro tatto, del nostro fiuto, della stessa nostra pelle alla ricerca di un concetto di origine. Scrive Sottsass: "A me interessa il fondo, il punto di partenza, la ragione per la quale un tempio è un tempio, la tomba è una tomba, il mausoleo è un mausoleo invece che una casa qualunque e perché, perché le pietre di questi templi antichi che ho visto nell'India portano con sé alcuni silenzi senza tempo e senza spazio e spiegazioni complete... Vorrei sapere perché le forme di pietra scura dei templi hanno il senso del sacro"[4].

Ogni sua produzione, ogni oggetto che possiamo toccare con le nostre mani è frutto di una complessa elaborazione intellettuale che coinvolge la sua curiosità, le sue esperienze di viaggio e di vita, la sua sensibilità, la grande conoscenza delle antiche culture e l'innata sua dote di assemblare assieme piccoli frammenti di realtà, di sentire. Prendono forma così vetri, ceramiche, architetture, gioielli, oggetti di design che hanno la miracolosa capacità di trasportare con sé orizzonti, consapevolezze e sentimenti.

Le opere di Sottsass ti ricordano sempre se respiri, se sei un uomo fortunato o no, se hai qualcuno accanto o sei solo; non sono delle semplici cose inanimate ma sono sensori di presenza umana in grado di ricreare spazi di sacralità in una vita sempre più autoreferenziale. Sacro non nell'accezione religiosa ma in quella esistenziale.

Nel lavoro di Sottsass la formazione di un giudizio estetico non può prescindere dalla considerazione dell'individuo e dei suoi bisogni. Sono lavori che spesso indossano vistosi colori, hanno forme ludiche ma presentano sempre quella capacità di strapparti il sorriso dalle labbra, sono sempre un po' malinconici. Una condizione che è, secondo le parole di Gio Ponti, riflesso della splendida fragilità della cultura viennese, nobilitata dalla presenza di un'alta nostalgia e di quel tanto di malinconia che rende umane le cose. In fondo le sue radici austriache (è nato nel 1917 a Innsbruck) si riescono ancora facilmente a rintracciare e cogliere.

Per Lisa Ponti, figlia di Gio e storica direttrice di "Domus", "Sottsass come Ponti ha quel profondo credo che appartiene solo ai geni e ai poeti, quella volontà di non rassegnarsi mai e di non abbandonare mai la speranza".

Sottsass, sempre dal racconto di Lisa Ponti, è un uomo che ha sempre sperimentato in piena autonomia, mosso da una grande curiosità: "L'Ettorino arrivava sul posto in anticipo o in ritardo ma sempre con mezzi suoi. I suoi resoconti di viaggio, che fossero testi o fotografie, erano puntualmente pubblicati dalla rivista 'Domus' ed erano resoconti di 'cultura non curante', cioè privi di lezioni annesse, solo animati da una profonda cultura interna che dimostravano una grande conoscenza sulle culture delle civiltà antiche".

Erano racconti che nascevano da grandi viaggi in Estremo Oriente, in India o in America che Sottsass realizzava, e ognuno di essi era l'occasione per raccogliere piccoli oggetti, fotografie, disegni, che sarebbero poi diventati ispirazioni per ogni successivo progetto.

Sono soprattutto l'esperienza indiana e quella americana ad averlo profondamente influenzato: da una parte la cultura millenaria indiana, i templi, i colori e i profumi, la spiritualità, la cultura tantrica, dall'altra la Beat Generation, il sogno americano, la voglia di pacifismo, le tracce ancora esistenti di culture precolombiane, i grandi architetti che progettavano costruzioni per salire verso il cielo, la dimensione dei letti americani, gli elettrodomestici, il possibile coincidere di varie esperienze assieme come la beat dimostrava, la pop art[5]. Due esperienze lontane fra loro, però fondamentali nel far confluire nella sua produzione elementi innovativi (basti pensare alle ceramiche "Yantra", "Tantra", o alla produzione dei cosiddetti "totem"[6] e all'uso dei colori) e accomunate da una volontà di scoperta di universali significati, legati alle culture millenarie e ai riti più atavici; quasi un tentativo di andare alla ricerca delle impronte di antichi popoli nella terra. Sottsass sembra inseguire gli universali misteri e interrogativi attraverso i colori e i profumi delle pelli, le sagome degli occhi, i modi con cui nelle culture si celebra un piacere o un'infelicità. Ha colto l'universale materia di due culture lontane fra loro come quella orientale e americana.

È riuscito a trasmettere il sentire della terra, il suo percorrerla a piedi e viverla. In questa terra ha costruito un linguaggio di segni, oggetti sempre molto pesanti o molto fragili, mobili che somigliano a rocce o vetri come fili d'erba. Per lui questi oggetti sono elementi di consapevolezza.

Una materia pesante che non lievita mai, sempre ancorata al terreno come un passo in un pendio scosceso; il peso per una persona come lui cresciuta fra le montagne diventa cosa certa che si contrappone all'incertezza che segue purtroppo ogni nostro ultimo respiro.

La sua è una produzione prevalentemente orizzontale con gli occhi però sempre verso il cielo, ed è il sommarsi, o l'accavallarsi di esperienze, tempi e conoscenze.

Lisa Ponti così lo descrive: "Lui cerca sempre un percorso, come un animale che segue i suoi percorsi, annusa sempre... va sotto terra poi poco dopo vola. È un poeta sapiente".

Sottsass così li descrive: "Li ho fatti grandi e pesanti, con zoccoli e basamenti, per sottrarli al kitsch dell'arredamento borghese e piccolo borghese. Non stanno quasi da nessuna parte e comunque non 'legano', non possono neanche produrre coordinati. Stanno soltanto da soli come i monumenti nelle piazze e non riescono neanche a fare stile (infatti nessuno li compera, salvo collezionisti o sconnessi attori di Hollywood). Sono anche decorati perché così riescono a comunicare stati culturali (in senso antropologico) diversi, a seconda dei casi e secondo reali necessità"[7].

Se le esperienze orientale e americana sono due importanti momenti, con il loro bagaglio d'informazioni annesso (cibo, colori, profumi, atteggiamenti, riti di collettività), esse sono state anche concrete possibilità per approfondire la sessualità come dimensione dello scoprire, come frammento di un meccanismo di curiosità.

Da un lato la libertà disinibita della cultura hippy americana e l'amore come strumento di partecipazione politica, dall'altro la sessualità millenaria narrata pubblicamente nelle decorazioni dei templi indiani, dove corpi di uomini e donne nudi partecipano alla sacralità dello spazio (vuoto) interno del tempio.

"L'idea di fare l'amore dovrebbe essere il centro della vita e la vita dovrebbe essere costruita intorno all'amore e i simboli che nella società contemporanea sono organizzati intorno al potere, alla potenza, alla presunzione, alla rapacità, al denaro, alla violenza, dovrebbero essere organizzati, secondo me, intorno all'amore, intorno all'amore vero, quello che si fa nel letto abbracciati raccogliendo per qualche istante il sospiro che viene chissà da dove, dall'origine della vita"[8].

La sessualità è sicuramente presente nel lavoro di Sottsass ed è un elemento che deve essere tenuto in grande considerazione; la si coglie facilmente nelle forme falliche e nei simboli genitali che percorrono quasi tutta la sua produzione, dalle ceramiche, al disegno, ai mobili, ma è anche un mezzo per "raccogliere informazioni". È un ampliamento della sua innata dote di raccogliere informazioni più o meno concrete, più o meno esistenziali; è una specie di ulteriore senso. Credo sia importante sottolineare questo elemento, perché affermare semplicemente che esiste una sessualità nelle opere di Sottsass, vorrebbe dire limitarsi a leggere un'esteriorità. "Ma finché non mi avranno fatto fuori con quella solita vecchia scusa di salvare l'umanità, Dio e la Patria, io continuerò a fare qualche miserabile stanza da letto color rosa schifoso da signorina, con qualche quadro che sembra una caramella, non riuscito simbolo sessuale, con qualche fila di ceramiche fatte nel tentativo disperato di portare dentro la camera, dentro l'amore, quelle cose che si vedono nel cielo, quelle luci che cambiano sempre mentre il tempo passa. Continuerò a fare qualche miserabile stanza da letto e ci metterò profumi e fiori e libri e una tavola per fare disegni, per dare l'idea di un altro modo di vivere, nella speranza che l'amore che fanno i ragazzi con le ragazze vinca tutti gli odi e i dolori"[9].

La sessualità che noi rintracciamo nelle forme e superfici è invece più profonda, più interna, meno fragile ed effimera perché serve lei stessa a indagare quel vuoto di cui accennavo prima; una sessualità di profondità che attiva non solo desideri ma anche esplorazioni esistenziali.

La vera sessualità scende in profondità fino ai materiali. Gli oggetti vanno toccati, tenuti in nostra vicinanza per sentire la loro presenza; si deve appoggiare il palmo delle nostre mani alle superfici delle opere di Sottsass per sentire appieno questa sessualità e, quando è possibile, tenerle fra le mani con il loro peso e avvicinarle il più possibile a noi stessi.

Sono oggetti che vogliono corteggiare umanità consapevoli degli incerti destini. Forse questa sessualità vuole coinvolgere il sacro, vuole semplicemente essere un tramite che ci permetta di allontare il più possibile la razionalità e avvicinarci un po' di più a un vuoto misterioso. L'interesse non è posto nel piacere ma nei misteriosi "meccanismi" generatori e nelle loro "vicinanze" con l'ignoto.

"Mi considero un superdilettante e la ragione non la conosco bene ... forse i miei interessi riguardano momenti brevissimi dell'iter della professione e cioè soltanto i momenti nei quali mi sembra di poter avere un'idea, dopo di che, appena mi sembra di aver avuto un'idea, appena so di averla avuta, il resto non mi interessa più... non sono interessato a 'collocare' lo sperma nel fondo oscuro dell'utero per fare bambini. Credo che l'unica cosa alla quale sono interessato sia di produrlo (lo sperma); anzi sono interessato ai sistemi per produrlo".

Forse la sessualità di Sottsass è quasi un tentativo per riprodurre quelle pratiche antichissime di sessualità sacra che servono per sopportare la vita e la morte, per aspettare che il tempo passi senza troppa disperazione.

Al pari della sessualità anche altri elementi della sua produzione devono essere considerati non nella loro superficialità, ma nella loro sacralità, ovvero nella loro profondità, nella capacità di essere radicati in prossimità di misteri.

"Adesso, qualche volta, forse come allora, faccio grandi ceramiche o mobili monumentali come tombe o altri oggetti come strumenti per viaggi più misteriosi e certo più difficili dentro al mare della consapevolezza, alla ricerca di un *samadhi* privato o pubblico, la cui bianca spiaggia, ahimè, ancora non appare all'orizzonte"[10].

Lo stesso colore che è un elemento sempre costante nel lavoro di Sottsass non ha mai funzione decorativa, subordinata a una forma (fondamento principe dell'architettura), ma ha una propria autonomia. Il colore non è un elemento superfluo ma è lui stesso il risultato di un sommarsi di esperienze e saperi.

Quello che il pittore Spazzapan raccontava, nella Torino degli anni trenta, a un giovane Sottsass desideroso d'imparare a dipingere credo possa essere un buon esempio: "Caro amico lei è giovane. Non si spaventi. Per dipingere quel giallo limone come certe volte lo ha dipinto Matisse, ci vogliono sessant'anni, ci vogliono molti anni, bisogna sapere molto dell'esistenza"[11].

Omaggiando le sue origini tedesche c'è una *Sehnsucht* nel suo lavoro; sono lavori che, come spesso ripete Sottsass, si portano dietro il proprio disastro o i propri disastri generali, la propria solitudine o la solitudine generale. Sono come altari privati per uso domestico che ti aiutano a rintracciare un senso: "In tutte le cose che faccio, cerco di disegnare qualcosa che diventi uno strumento per vivere"[12].

"E poi c'era il problema di fare oggetti che non si concedessero troppo in fretta al piacere che ha la gente di riempirsi la casa di mille piccoli trofei di status personali, oggetti che non si concedessero per niente alle quotazioni dei valori delle monete ... Cominciavo allora a pensare che se c'era un senso nel fare oggetti, era che aiutassero la gente a vivere, voglio dire che aiutassero la gente in qualche modo a riconoscersi e a liberarsi, insomma voglio dire che se ci poteva essere una ragione per disegnare oggetti, non poteva essere altro che quella di compiere una specie di azione terapeutica: consegnare agli oggetti una funzione di sollecitare la percezione che ognuno ha o può avere della propria avventura"[13].

La sua stessa produzione legata al mondo dell'industria ha sempre offerto, anche dove operava in ambiti molto specifici[14], soluzioni che permettessero di veicolare messaggi esistenziali. C'è sempre in ogni suo lavoro un'impronta/passaggio che rimanda ad altri mondi.

È davvero complicato, e richiede molto tempo, cercare di comprendere e analizzare la produzione di Sottsass, perché è effimera, è come una striscia di seta appesa a un pezzo di legno; devi conoscere l'arte della tessitura, dei colori, conoscere il cielo da cui è schiacciata, sapere chi l'ha appesa, a cosa serve e cercare di prevedere le leggi dell'imprevedibilità. Per questo non serve solo intelletto ma anche sincerità e cuore. Il *come* necessario per avvicinarsi a Sottsass è spiazzante, non in dimensioni ma soprattutto in profondità[15].

Ho un'immagine che forse può visualizzare questo *come*, una visione che si è presentata davanti ai miei occhi all'improvviso e in maniera folgorante: durante un viaggio in terre lontane, e mi piace pensare che quella lontananza in cui mi trovavo avesse un senso, davanti ai miei occhi si è presentato un piccolo hangar. Una costruzione di metallo dalla forma semicircolare tipicamente americana, quel genere di costruzioni che sorgono senza nessun motivo, al centro di sterminate praterie colorate da un'infinità di spighe di grano e che spesso stanno in compagnia di piccole e discrete case rosse di legno, dove famiglie con camicie a quadretti guardano ogni sera il cielo prima di addormentarsi e forse, come direbbe Sottsass, hanno molto tempo per amarsi e stare abbracciati. Una specie di grande barattolo in latta per metà conficcato nel terreno e per metà a cielo aperto a riflettere la luce del sole. Una specie di meteorite caduto in mezzo al nulla. Dalla collina in cui mi trovavo riuscivo chiaramente a vedere la grande porta scorrevole dell'hangar che lasciava scorgere il buio che custodiva. Da quella collina gialla spazzata da un vento che rendeva l'azzurro del cielo quasi elettrico, mentre guardavo quella strana costruzione, ho pensato a Sottsass e a come in fondo quello che avevo davanti agli occhi era per me maledettamente perfetto per descriverlo. Sapevo che mai nessuna parola sarebbe riuscita perfettamente a rendere quel momento ma che il riconoscersi fortunato dall'essere presente in quel momento, significava cercare di tradurre in parole perché "I significati, faticosamente conquistati dovrebbero essere detti, dipinti, danzati, messi in circolazione"[16]. Come in fondo lo stesso Sottsass ha fatto e molte volte ci è riuscito.

È egoistico, ma Sottsass era lì; quell'hangar metallico nel giallo del grano e nell'azzurro del cielo riusciva perfettamente a descrivere la sua peculiarità, la sua anomalia di architetto che più che costruire, cerca di raccontare, emozionare, e trasportarci in situazioni inaspettate, piacevoli o difficili che siano. Forse Sottsass è un progettista di piccole strade che si perdono all'orizzonte e non ti dicono dove ti porteranno. Puoi percorrerle ma non è detto che ti portino dai tuoi desideri. Ti portano semplicemente altrove.

"Tutto questo lo so molto bene, non tanto perché l'ho inventato io, ma perché l'ho sentito dire da molti poeti, da molta gente che lavora veramente, da molta gente oppressa, da molta gente alienata, da molta gente stanca, da capi indiani, da guru, da bambini, da prigionieri, e poi lo so da quando ho capito che la libertà non viene da nessun'altra parte se non dalla possibilità della consapevolezza che ognuno di noi può avere che sta vivendo e anche che sta, piano piano, morendo"[17].

At Night I Do Not Dream. In the Daytime I Do*
Words for Ettore Sottsass

Marco Minuz

How. It could all be over now, with this word of quick sound and uncertain meaning. With this word expressing interrogation, explication and care. Gap between what we ask and what we get, a little room where we respectfully take off our shoes to get in and we put them on again to get out.

In my view any thought, any writing, any exhibition about Sottsass should always commence with *how*. A condition that allows to embrace the complexity of every aspect of Sottsass's work.

I would like to open his ID, hold it in my hands and read his date of birth, his height, the colour of his hair and, most of all, his profession. If I found "architect" or "designer" in his ID, I think I would smile asking myself "*how* can it be?" That might be true in 1939 when he left Politecnico in Turin as an architect, or when Olivetti asked him to become his designer in 1958, or when he read his name preceded by the word "architect" on some letters sent him by a prestigious university or a brave entrepreneur.

Actually, as for his biography, the word "why" would be enough. A confident and masculine word.

In talking about Sottsass it is essential to say *how* because we need to explore complex and refined interconnections between his professionalism and his being. Ettore Sottsass is not just a set of objects and forms, a manual on which many students have studied and will study to become professionals, a symbol of Italian creativity. Sottsass is most of all thought, feeling and sensitiveness.

As Demetrio Paparoni claims in the introduction to the book containing the most important writings by Sottsass,[1] he has invented the concept of differentiation of use and transferred it to the production. Bookcases, vases and houses are never what they want to be. They turn into something else, becoming objects of presence instead of objects of representation. Every object is kind of double-bottomed, it has secret passages. Whether conscious or not, the reason why one wants to own his objects is that he knows that something surprising will show up or something known will disappear. They are beautiful, seductive objects, always made up with some lines of colour. But they are also dangerous, because they can unexpectedly turn into something else.

I cannot figure Sottsass as a container where experiences, stories, journeys, memories, projects and love are displayed more or less proudly. These are simple and comprehensible signs that we easily set in a temporal row explaining them with a "why."

In my view Sottsass is inside a hypothetical empty container. This is his dimension and perhaps, respectfully speaking towards all the great masters who have faced the empty in their work, it is his great work of architecture.

Talking about the empty we usually end up discussing intimacy, fear and sensitiveness. In the empty we are all naked and constantly searching for some point of reference. As Sottsass wrote once, quoting Lao Tsé's words: "Jugs are useful for the empty into which we pour water, and not for their form or material. Empty is ever-present because it can contain everything. Only in empty can there be movement. He who manages to be an empty space where others can freely penetrate is the master of all situations."[2]

Sottsass's masterpieces such as the Carlton bookcase, the Valentine typewriter and the Ceramiche delle tenebre have a peculiarity. They are tangible objects capable of controlling and possessing the empty. "My idea was that an object or a piece of furniture may be important elements to hold on to life."[3]

Empty intended as absolute freedom, lack of pre-established schemes and place where experiences circulate unconstrained animates all of Sottsass's production, from pottery to photography, from design to drawing, from architecture to glass to jewellery. It is an extremely complex and varied production enhanced by a never-ending crossing of experiences. There is almost anarchy in his work, but free from political connotations. There is expressive anarchy, which is totally free from pre-established models.

His objects are a non-stop exercise to lessen our confidence in what we see and to increase it in what we feel through our touch, our smell and our skin, in search of the concept of origin. Sottsass writes: "I am interested in the bottom, in the starting point, in the reason why a temple is a temple, a grave is a grave, a mausoleum is a mausoleum and not a common house and the reason why, why stones in those old temples I have seen in India bear some timeless and spaceless silences and complete explanations… I wonder why the forms of dark temple stones have the sense of sacredness."[4]

Each one of his productions, each object is the result of a complex intellectual elaboration mixing together curiousness, travel and life experiences, sensitiveness, great knowledge of ancient cultures and the ability to assemble small fragments of reality and of feeling. In this way glasses, architectures, ceramics, jewels and design objects take shape, their outstanding capacity being to bring along horizons, awareness and feelings.

Sottsass's works remind you of whether you are breathing, whether you are lucky, whether you have somebody with you or you are lonely. They are not just simple inanimate things. They are sensors of human presence capable of creating spaces of sacredness in a more and more individualistic life. Sacred not in the religious sense, but in the existential one.

For Sottsass aesthetic is strongly related to the individual and his needs. His works have often showy colours and playful forms mixed with melancholy. According to Gio Ponti, this reflects Viennese culture's splendid fragility, noble for a high nostalgia and that bit of melancholy that makes things human. Sottsass's Austrian origin- he was born in Innsbruck in 1917–can be easily traced.

According to Gio Ponti's daughter and *Domus*'s director, Lisa, "Sottsass and Ponti share the deep creed that belongs only to geniuses and poets. They want to never give up and to always hope."

According to Lisa Ponti, Sottsass has always experimented autonomously, moved by great curiousness. "Whether early or late, Ettorino always came by his own means. His travel reports, either texts or pictures, were always published in *Domus* and were the result of a "non-caring culture," that is, there was no moral lesson. They were animated by an intimate culture and revealed great knowledge of ancient cultures and civilisations."

These stories were the result of Ettore's long journeys to the Far East, to India or to America. Each one of them was a chance to collect small objects, photographs and drawings that would become inspirations for any future project.

It is mainly India and America that had the greatest influence on him. On the one hand there is the millenary Indian culture with its temples, its colours and scents, its spirituality, the Tantric culture. On the other hand there is the Beat Generation, the American dream, pacifism, traces of pre-Columbian cultures, great architects who designed buildings to reach the sky, the dimensions of American beds, household electrical appliances, the possibility for different experiences to coincide, Pop Art[5], etc. Although they are very different from each other, both the Indian and the American culture have brought innovative elements into Ettore's production–see for example the "Yantra" and "Tantra" ceramics, the "totems"[6] production and his use of colours. Moreover, these two cultures share the search for universal meanings linked to millenary cultures and to the most ancient rites, apparently in search of the signs left by ancient peoples. Sottsass seems to investigate the universal mysteries and questions through different skin colours and scents, through eye forms, through the ways pleasure and unhappiness are celebrated in the different cultures. He has understood the universal matter of two such different cultures as the Indian and the American ones.

He has managed to transmit the feeling of the earth by walking on it with bare feet and living it. On this earth he has made a language of signs, either very heavy or very fragile objects, furniture that resembles rocks or glasses like grass tufts. For him, these are elements of knowledge.

It is a heavy material that never rises. It is always hooked to the ground like a step on a steep passage. Being born in the mountains, he regards weight as a certainty as opposed to the uncertainty that follows our last breath.

His production is mainly horizontal but his eyes look to the sky. His works are the result of multiple experiences, times and knowledge.

Lisa Ponti claims: "He always looks for a route, like an animal that is always sniffing his way... One moment he is underground and the next one he is flying. He is a wise poet."

Sottsass says: "I have made them big and heavy, with plinths and bases to rescue them from the middle-class and lower-middle-class furnishing kitsch. They fit no place and go well with nothing. They stand alone like a monument in a square and are never stylish–that is why nobody buys them, apart from some collectors or crazy Hollywood's stars. They are decorated to communicate different cultural states, anthropologically speaking, according to each different situation and real necessity.[7]

Apart from food, colours, scents, attitudes and collective rites, the Indian and the American experience have also been of great importance for studying sexuality as a discovery and as a fragment of curiosity mechanisms.

On the one hand there is the uninhibited freedom of hippies and love used as a political instrument. On the other side there is the millenary sexuality publicly told on Indian-temple decorations, where naked bodies of men and women participate in the sacredness of (empty) space inside the temple.

"The idea of making love should be the centre of our life and life should be built around love, and the symbols that in our society are organized around power, might, presumptuousness, greed, money and violence should be organized, in my view, around love, true love, the one we make in bed one in another's arms grasping for a moment a whisper coming from an unknown dimension, from the origin of life."[8]

Sexuality is certainly in Sottsass's work and should be definitely taken into account. We can find it in the phallic forms and in his genital symbols spread all over his production, from drawing to ceramics, to furniture. It is also a mean to collect information. It is part of his innate capacity to collect more or less concrete and more or less existential information. I think it is important to underline this aspect because it would be superficial to say just that there is sexuality in Sottsass's works. "Till the day they chase me away with the old story of saving humanity, God and our Country, I will continue to make some miserable bedrooms of a disgusting pink, with some pictures resembling a sweet, badly-made sexual symbol, with some rows of pottery made in the desperate attempt to bring into the bedroom and into love what we see in the sky, those lights that change as the time goes on. I will continue to make some miserable bedrooms and I will put scents and flowers and books and a table to draw, to give the idea of another way of living, in the hope that love boys make to girls may win over all hatred and pain."[9]

The sexuality in his forms and surfaces is deeper, more internal, less fragile and ephemeral because it serves to investigate the empty described above. It is a sexuality of depth that stimulates not only desires but also existential explorations.

Real sexuality comes down to materials. Objects must be touched, kept near us to feel their presence. Our hand must be lied on Sottsass's works to feel this sexuality and, whenever possible, we must hold his objects to feel their weight and put them as close as possible to ourselves.

These objects want to speak to a humanity aware of its own uncertain destiny. Maybe this sexuality wants to have to do with sacredness, maybe it wants to keep us as far away as possible from rationality to approach the mystery of the empty. What matters is not pleasure. What matters is the mysterious generative mechanisms and their "vicinity" to the unknown.

"I am just an amateur at his start and I do not know the reason well ... Maybe my interests have to do only with brief moments of the professional path, that is, when I realize I have an idea. As soon as I think I have an idea, as soon as I know it, I am not interested in the rest... I am not interested in depositing my sperm in the dark bottom of the womb to make children. I think I am only interested in producing it–the sperm. More, I am interested in systems to produce it."

Maybe for Sottsass sexuality is an attempt to reproduce those ancient rites of sacred sexuality allowing to bear life and death, to wait for time to pass without excessive desperation.

Other elements apart from sexuality should be analyzed in his production at a deep, sacred level and they should be considered rooted next to mysteries.

"As in the past, perhaps, sometimes I make big ceramics or monumental furniture like graves or other objects such as instruments for more mysterious and certainly more difficult journeys into the sea of awareness, in search of some private and public *samadhi*, the white beach of which, alas, is not yet visible."[10]

Even though colour is always present in Sottsass's work, its function is never decorative and never subject to form, the main traditional element of architecture. Colour is autonomous. It is not accessory and is the result of an addition of experiences and knowledges.

A good example probably is what the painter Spazzapan told Sottsass when, in the 1930s, he was young and willing to learn to paint. "Dear friend, you are young. Do not be afraid. To paint that yellow as Matisse painted it sometimes you need to be sixty, you need many years, you need to know a lot about the existence."[11]

In Sottsass's work there is *Sehnsucht*. As Sottsass says, his objects bear their own disaster or their own general disasters, their own loneliness or the general loneliness. They are like private, home altars to help find a reason. "In everything I make I try to draw something that may become an instrument to live."[12]

"I also had the problem of making objects that would not be dependent on the people's pleasure to fill in their homes with hundreds of small rewards for their personal status, objects that would in no way bc subject to monetary quotations ... I started to think that the only reason to make objects is to help people to live. I mean, they must help people to be aware of themselves and get free. I mean, the only reason for objects to exist could be therapeutic. This means to give objects the function of stimulating the perception each person has of his own adventure."[13]

His industrial production has also offered solutions that convey existential messages, even when it was a very specific one.[14] In his work there is always a trace/passage that refers and takes us to other dimensions.

It is truly complex and time-consuming to try to understand and analyze Sottsass's production, because it is ephemeral like a silken strip on a piece of wood. You need to know the art of weaving, the art of colours, the sky above it, who has put it there, what its purpose is and you need to foresee the laws of unpredictability. To this purpose not only intelligence is required, but also honesty and heart. The *how* needed to approach Sottsass is astonishing for its dimensions and, most of all, for its depth.[15]

I have an image that can probably visualise this *how*. It is a vision that came to me all of sudden like a bolt of lightning. During a journey I made in far-away lands–I like to think that that distance could have a sense–I saw a little hangar. One of those typically American semicircular metal buildings. One of that kinds of buildings with no reason to exist, put in the middle of vast prairies coloured with ears of wheat and often surrounded by little, humble red wooden houses, where families in checked shirts every night look at the sky before going to sleep and perhaps, Sottsass would say, have time to love and hug each other. It was kind of a tin half hammered into the ground and half outside, reflecting the sunlight. A sort of meteorite fallen into the middle of nowhere. From a hill I could clearly see the door of the hangar, behind which I could perceive the dark it concealed. From this yellow hill, hit by a wind that made the blue of the sky look almost electrical, looking at that strange building I thought of Sottsass and of how that sight was awfully perfect to describe. I knew that no words could adequately narrate that moment. Yet, to feel grateful to be there in that moment could be an attempt to put into words the reason why "the meanings achieved with effort should be said, painted, danced and spread."[16] Just like Sottsass has done, often successfully.

Even though it is egoistical, I believe Sottsass was there. That metal hangar in the middle of the yellow ears and in the blue of the sky described his peculiarity perfectly. It told of his anomaly as an architect who builds but, more importantly, tries to recount, to move, to take us to unexpectedly pleasant or difficult situation. Perhaps Sottsass is a designer of small paths that take you away without telling you where. You can follow them, but not always will they take you where you want. They just take you elsewhere

"The reason why I know all this very well is not that I have invented it. I have heard it from many poets and from many people who really work, from many oppressed people, from many alienated people, from many tired people, from Indian chiefs, from gurus, from children, from prisoners. And then, I know it because I have realized that freedom comes only when each one of us can be aware that he is living and slowly dying."[17]

note

* Il titolo è tratto da un disegno che Gio Ponti realizzò nel 1979 per la figlia Lisa.

[1] Ettore Sottsass, *Scritti 1946-2001*, a cura di Milco Carboni e Barbara Radice, Vicenza 2002.

[2] Ivi, p. 90.

[3] Ivi, p. 293.

[4] Ettore Sottsass, *Templi in India*, 1962.

[5] Ettore Sottsass scrive il pezzo *Pop e non Pop* nel maggio 1964 nella rivista "Domus"; il pezzo, complice le sue frequentazioni americane, dimostra una piena conoscenza del movimento pop e dei suoi principali artefici. Movimento che solo nella Biennale di Venezia di quell'anno otterrà la sua piena consacrazione, con il premio attribuito a Robert Rauschenberg.

[6] Si trattava di ceramiche alte due metri e più, fatte di vari pezzi colorati montati uno sull'altro ed esposti nel 1967 presso la galleria Sperone di Milano in una mostra intitolata "Menhir, Ziggurat, Stupas, Hydrants e Gas Pumps".

[7] Ettore Sottsass, *op. cit.*, p. 325.

[8] Ivi, p. 153.

[9] Ettore Sottsass, *op. cit.*, p. 155.

[10] Ivi, p. 248.

[11] Ivi, p. 434.

[12] Intervista di Marie Laure Jousett a Ettore Sottsass, catalogo della mostra "Il design Cartier visto da Ettore Sottsass" (Milano, Palazzo Reale, 11 ottobre 2002 - 12 gennaio 2003).

[13] Ettore Sottsass, *op. cit.*, p. 215.

[14] Basti pensare alla sua lunga collaborazione con l'industria Olivetti.

[15] Colpisce la vastità delle sue osservazioni che intersecano esigenze industriali con valori spirituali, analisi sociologiche e antropologiche. In tal senso basti considerare il suo scritto *Grafica popolare* pubblicato nel 1955 su "Stile Industria" dove analizza le carte che avvolgevano gli agrumi.

[16] V. Turner.

[17] Ettore Sottsass, *op. cit.*

notes

[*] The title has been taken from a drawing that Gio Ponti made in1979 for his daughter Lisa.

[1] Ettore Sottsass, *Scritti 1946-2001*, edited by Milco Carboni and Barbara Radice, Vicenza 2002.

[2] Ivi, p. 90.

[3] Ivi, p. 293.

[4] Ettore Sottsass, *Templi in India*, 1962.

[5] Ettore Sottsass wrote "Pop e non Pop" in *Domus*, May 1964. Thanks to Sottsass's American acquaintances his writing showed a full knowledge of the Pop movement and of its main exponents. The pop movement was fully recognized at the Venice Biennale in 1964 with the prize awarded to Robert Rauschenberg.

[6] Ceramics more than two metres heigh, made up of coloured pieces mounted one on top of the other and shown at the Sperone gallery in Milan, in 1967, during an exhibition titled "Menhir, Ziggurat, Stupas, Hydrants and Gas Pumps."

[7] Ettore Sottsass, op. cit., p. 325.

[8] Ivi, p. 153.

[9] Ettore Sottsass, op. cit., p. 155.

[10] Ettore Sottsass, op. cit., p. 248.

[11] Ivi, p. 434.

[12] Interview by Marie Laure Jousett with Ettore Sottsass, "Il design Cartier visto da Ettore Sottsass," exhibition catalogue (Palazzo Reale, Milan, 11 October 2002–12 January 2003).

[13] Ettore Sottsass, op. cit., p. 215.

[14] Think, for example, about his long collaboration with the Olivetti firm.

[15] It is impressive to see the amount of his notations where industrial needs meet spiritual values, sociological and anthropological analyses. See for example "Grafica popolare," a text published in *Stile Industria* in 1955 where he analyzes tissue papers used to wrap oranges.

[16] V. Turner.

[17] Ettore Sottsass, op. cit., p. 229.

Sessualità, sensualità e sensorialità
Beatrice Mascellani

La sera prima di andare all'appuntamento con Ettore Sottsass a Milano, noi tre abbiamo preparato tutto il necessario per affrontare il viaggio e l'intervista con l'architetto. Poi abbiamo preparato anche il "superfluo", ossia il nostro abbigliamento. Forse in quanto superfluo è stato lasciato per ultimo ma a noi è sembrato molto importante e così abbiamo scelto accessori molto colorati e molto allegri: Alessio ha scelto una camicia verde erba, Marco una sciarpa arancione, io una collana con delle grandi palle di feltro-lana cotta tutte colorate e perline di vetro applicate.

Il viaggio è iniziato all'alba in treno da Trieste verso il cielo grigio e piovoso di Milano. È proseguito in metropolitana dove tutto sembrava vecchio e sporco, perfino le persone sembrano intaccate da una patina di polvere. Qualcuno ha proposto di comprare un mazzo di fiori per Barbara ed Ettore e abbiamo comperato dei fiori gialli, delle gerbere e dei tulipani. Poi siamo entrati nella loro casa, non nello studio, con questo raggio di sole che erano i fiori e i nostri colori addosso. I fiori gialli hanno trovano posto accanto a una composizione di enormi e profumati gigli bianchi, evidentemente molto più costosi. Tutto il salotto è diventato un giardino fiorito e profumato. Ci siamo seduti attorno a un tavolo Memphis e poi attorno a un divano Poltronova, per via del mal di schiena di Sottsass. A conversazione avviata, il mio sguardo ha iniziato a vagare in giro per il piccolo e confortevole salotto: sugli scaffali e sui muri libri, statue, pietre, scatole, foto di viaggi, fiori, ricordi, offerte a qualche divinità indiana, CD musicali, vetri, foto di Helmut Newton, una grande mano di Francesco Clemente con dedica, altri disegni di artisti. Anche le pareti sono tutte colorate a seconda dell'ambiente e del tipo di emozione che l'architetto vi ha voluto dare: verde menta in corridoio per un passaggio fresco e veloce, nocciola chiaro in salotto per conversare amabilmente e rilassarsi, come lui stesso ci ha detto in uno dei suoi esempi.

Come sempre, Sottsass parla lentamente con calma e trasporto allo stesso tempo. Parla di ciò che fa, di ciò che crede, di ciò in cui ha creduto ma in cui non crede più, di ciò che ha voluto trasmettere, parla dei successi e degli insuccessi, delle guerre e delle bombe di oggi sul giornale. Quando parla non dice mai le cose come assolute ma usa termini come "a me pare", "almeno così mi sembra", "io credo", "io penso così". Racconta di cose che ha ripetuto infinite volte eppure sempre ti stupisce la passione che dedica proprio a te nel ripeterle. Racconta servendosi di metafore, tratte dalla memoria, dai viaggi; se parla con qualcuno le metafore sono suggerite dalla persona che ha davanti. E così è per la mia collana colorata che gli piace molto, per la camicia verde di Alessio, per la sciarpa arancione di Marco. I colori che abbiamo portato diventano anche i suoi colori, entrano a far parte dei suoi ricordi, le sue esperienze è come se divenissero anche le nostre esperienze. Come in una giostra che gira vorticosamente fino a farti perdere quelli che credevi dei punti di riferimento, come in un frullatore, sei frullata con gli odori, i colori, le sensazioni, sei frullata da quest'uomo di novant'anni con i suoi sensi di giovane, frullata nella sua vita di scoperte sensoriali. Come quei colori sulle pareti nelle foto dei "Superbox" di Poltronova, colori che appartengono all'oggetto ma che vengono sparati attorno per far capire che quell'oggetto ha quello scopo lì, non è un box, quell'oggetto è un super-box. Così mi viene da pensare. Parole come gentilezza, tenerezza, modestia, calma, pazienza, onestà, semplicità, cura, dolcezza, serenità, misura, sorriso, parole che Sottsass – l'architetto Sottsass – usa di frequente e che sono alla base della sua ricerca e ritroviamo nei suoi scritti parole quotidianamente sopraffatte da altre come produzione, costi, ricavi, vendite, numeri, mercato, si ha l'impressione che queste parole riacquistino il loro pieno, originario e tangibile significato.

Mentre penso a questo, noto uno strano oggetto appoggiato da solo su uno scaffale, un oggetto fatto di legno, filo di ferro e cartapesta. È di un rosa molto intenso che penetra nella materia. È una scultura artigianale, un po' infantile, costituita da un legnetto orizzontale sorretto mediante due cavetti di ferro a una esile struttura a portale in legno. A decoro di tutto sono alcune mezze sfere in cartapesta colorate di rosa con, al centro, una protuberanza rosa più scuro. Ci sono queste mezze sfere-seni, seni allegri, seni leggeri, seni colorati, seni che possono dondolare da fili di ferro. Potrebbe essere la rappresentazione della fertilità, della donna, della gioia di vivere, penso. È la sessualità messa in salotto, non nella camera da letto più privata, che partecipa alla vita di tutti i giorni in maniera innocente, quella sessualità che continuamente cerchiamo e respingiamo in un gioco altalenante tra la tendenza al nostro essere naturali e le costrizioni culturali e religiose che ci vengono da subito imposte. Questa scultura è esposta in salotto, sotto gli occhi di tutti, senza pudore semplicemente perché non ce n'è bisogno.

Al termine dell'intervista chiedo a Sottsass che cosa rappresenta quell'oggetto.

"È un'altalena, è un gioco per bambini", mi risponde lui. Poi vedendomi perplessa, aggiunge: "Perché, lei che cosa crede che sia?"

"Un inno alla fertilità".

"Ma quest'idea come le è venuta in mente?"

"Mi sembrava di vedere tanti seni".

E lui, concludendo: "Ne ha di fantasia, lei".

Dove i miei occhi vedevano colore, leggerezza e allegria, la mia mente vedeva degli organi femminili e il mio cervello, con uno scarto derivato da millenni di cultura, un inno alla fertilità. Invece bisognerebbe fermarsi ai colori, alle sensazioni, al gioco, bisognerebbe far dondolare l'altalena e guardarla, godere del gioco senza volerlo capire a tutti i costi, accettare solo gli impulsi emotivi senza catalogare, senza incasellare, bisognerebbe "liberarsi di tutta l'intellettualità possibile" come ci ha detto Sottsass a proposito della mostra.

Forse si può partire anche da questo per capire meglio Ettore Sottsass che una volta ha affermato: "Ho sempre percepito le cose in modo sensoriale, con gli occhi e con il corpo"[1], e in un'altra occasione ha specificato: "Quello che viene connotato come *sensuale* io lo chiamo *sensoriale* cioè la vita è fatta, è percepita sensorialmente prima che intellettualmente. La *sessualità* fa parte di questo vocabolario sensoriale e di questa enciclopedia sensoriale, diciamo"[2].

Ricorro in aiuto alla semantica. Nel vocabolario della lingua italiana "senso", dal latino *sensum* – percepire – è definito come la facoltà di sentire, ricevere impressioni prodotte da stimoli esterni. Da senso derivano gli aggettivi "sensoriale" – ciò che concerne le attività di senso – e "sensuale" – ciò che si riferisce ai sensi, al piacere dei sensi, che rivela voluttà. "Sessuale", invece, deriva dalla radice latina di sesso, *sexus*. Sensuale, sensoriale e sessuale sono, apparentemente, molto distanti tra loro, anche etimologicamente. Ma per Sottsass sono, o dovrebbero essere, indissolubilmente legati. Perché?

In una breve introduzione a un libro di scritti di Sottsass, Alessandro Mendini compie una chiara e lucida analisi delle tecniche di lavoro attraverso cui la filosofia dell'architetto si introduce nella sua opera eterogenea e complessa. Egli scrive: "I suoi oggetti ... trasmettono una percezione sensoriale, invece che razionale: rovesciando il senso della didattica, Sottsass disegna per gli adulti delle cose che li riconducono alla sensitività di quando erano bambini", "per Sottsass un possibile avvicinamento a eventuali verità non passa attraverso la cultura, ma attraverso la ripresa negli adulti dei meccanismi mentali dell'infanzia", il disegno infantile trasmette "idee immediate quasi quanto l'atto sessuale, il più tipico atto di percezione della vita tramite il corpo, fuori dal circolo vizioso delle strutture mentali"[3].

L'atto sessuale è quindi inteso come fonte di conoscenza attraverso i sensi. È un meccanismo tanto importante quanto la scoperta del mondo da parte di un bambino. Nella nostra cultura ciò è impensabile o quantomeno suona singolare, ma altrove? Per esempio, in India sesso e sensi sono indissolubilmente legati, senza nessun giudizio o censura o altro. I templi per rendere omaggio alle divinità sono pieni di immagini, bassorilievi e statue che ai nostri occhi paiono imbarazzanti e forse, che è anche peggio, espressioni di una cultura che riteniamo inferiore alla nostra. Sottsass ha trovato in India e nei suoi viaggi in Oriente ciò che naturalmente è legato alla scoperta della vita attraverso la percezione dei sensi, senza la mediazione di alcuna struttura mentale.

Se si va a rivedere la sua produzione può capitare di imbattersi in un progetto in cui il sesso viene trattato con ironia, come quel vaso di ceramica rosa dalla forma inequivocabilmente fallica[4]. Può capitare di pensare che sia quella la sessualità per Sottsass. Ma ci si trarrebbe in inganno. La tecnica adoperata per presentare quell'oggetto, il collage del disegno del vaso a colori su due foto a tema politico in bianco e nero, decontestualizza e chiarisce il significato dell'opera, ponendo quel progetto come pura provocazione. Così come si può chiaramente riconoscere lo stesso segno fallico nel disegno del tempio per esperienze erotiche[5], ma siamo sempre nel periodo del contro-design, cioè del contro-pensiero corrente. Non è nei formalismi, non è nel linguaggio stilistico che va ricercato il messaggio di Sottsass. Vi è un linguaggio metaforico che fa uso di pochi segni (cerchio, cilindro, quadrato, punto, linea …) e di pochi concetti arcaici (percorso, accesso, riposo, incontro …) e li compone sintatticamente operando infinite variazioni. "Così come solo cento parole gli servono per scrivere"[6] e poche figure retoriche (anacoluto e metafora) sono sufficienti a descrivere l'essenza dei concetti, Sottsass usa pochi segni chiari e noti a tutti e crea un linguaggio.

Per capire veramente a fondo la ricerca di Sottsass, la ricerca di quella vita percepita attraverso i sensi e ritenuta sacra, bisogna riguardarsi la sua produzione. Dal vaso di vetro al mobile, dall'ornamento d'oro alla fotografia, dalla pagina scritta all'architettura di una casa, in tutti questi progetti si ritrovano il bianco e nero e la mescolanza dei colori, la misura e il fuori scala, il senso dello spazio e il senso della superficie, il rugoso e il liscio al tatto, il freddo del materiale plastico e il caldo della lacca e del legno, la simmetria e l'asimmetria più dichiarata, il gioco e la monumentalità, la vita e la morte. La composizione dei segni è sempre trattata con conoscenza dei materiali, con curiosità, con riferimenti alla nostra e ad altre culture. Allora si capisce il significato di mettere le cose su un basamento, come fossero altari, per guardarle con rispetto. Se si guardano i suoi oggetti in questo modo, se si libera la nostra percezione allora le strutture arcaiche che ci portiamo dentro a livello inconscio riemergono, allora nasce la curiosità di riscoprire, di affondare le nostre radici nell'essenza secolare dei problemi.

Ma forse è meglio che sia lo stesso Sottsass con le sue parole a spiegarci l'importanza dei sensi: "… mi piace fare l'amore, … mi piace pensarci, mi piace parlarne, mi piacciono le storie d'amore, le poesie d'amore, le canzoni d'amore, mi piacciono i simboli d'amore, le filosofie che parlano dell'amore, le religioni che partono dall'amore, … Voglio dire che l'amore, l'idea di fare l'amore, il tema, dovrebbe essere coscientemente il centro della vita, come del resto è e come sarebbe se non fosse continuamente distratto dalle oscenità, dalle porcherie, dalle volgarità, dagli adulteri, dall'idea del peccato, dalle cosiddette necessità sociali e fesserie di questo genere e tutte queste cose. L'idea di fare l'amore dovrebbe essere il centro della vita e la vita dovrebbe essere costruita intorno all'amore e i simboli che nella società contemporanea sono organizzati intorno al potere, alla potenza, alla presunzione, alla rapacità, al denaro, alla violenza, dovrebbero essere organizzati, secondo me, intorno all'amore, intorno all'amore vero, quello che si fa nel letto abbracciati raccogliendo per qualche istante il sospiro che viene chissà da dove, dall'origine della vita. Se la gente pensasse di più all'amore, senza le oscenità e le porcherie, se la gente ci pensasse di più sul serio, con felicità, certo non avrebbe il tempo di fare quelle stupidate che si stanno facendo nel Vietnam per esempio o nel Congo per esempio o dovunque; quelle macabre stupidate che si sono sempre fatte e si faranno nelle prigioni dell'America e in quelle della Russia e in ogni prigione o guerra o massacro o in ogni posto dove si usa violenza, ovunque ci si distrae dall'idea di fare l'amore"[7].

Io non trovo parole più chiare per spiegare l'attaccamento e il rispetto che la vita, la vita sacra di per sé, merita. Posso solo aggiungere che, conoscendo Sottsass di persona e attraverso le sue opere, istintivamente si è portati a indossare una bella collana colorata perché possa essere intravista quella parte viva di noi che siamo portati a ignorare.

Gli scritti, i disegni, le architetture, gli oggetti in vetro e ceramica, gli ornamenti, le fotografie, i mobili di Ettore Sottsass aiutano in questo, a usare i sensi, tutti i sensi, per riscoprirsi esseri vivi. Secondo me.

Sexuality, Sensuality and Sensoriality
Beatrice Mascellani

The evening before meeting Ettore Sottsass in Milan, the three of us prepared all the necessaries to face the journey and the meeting. After that, we prepared the superfluous, that is, our clothes. Clothes were probably our last thought because they were not necessary. However, they were very important to us, so we chose very coloured and very bright accessories. Alessio put on a grass green shirt, Marco an orange scarf and I put on a necklace with woollen-felt balls and applied glass beads.

Our journey began at dawn from Trieste towards Milan's grey and rainy sky. It continued by underground, where everything looked old and dirty. Even people looked dusty. One of us suggested buying a bunch of flowers for Barbara and Ettore, so we bought some yellow gerberas and tulips. We entered their home, not the studio, holding these flowers and wearing our colours and it seemed as though a ray of light had got in. The yellow flowers found their place near a bouquet of enormous and scented white lilies, which were obviously more expensive. The whole sitting room had turned into a scented garden full of flowers. First we sat around a Memphis table, then due to Ettore's backache we moved to a Poltronova couch. While talking I took a look around the small and comfortable sitting room. On the shelves and on the walls there were books, statues, stones, boxes, photos of journeys, flowers, souvenirs, offerings to some Indian deity, music CDs, glasses, Helmut Newton pictures, a big Francesco Clemente hand with a dedication, other drawings by various artists... Also the walls were painted in various colours, according to the room and to the emotions that the architect wanted to provide: the corridor was mint green to allow a fresh and rapid passage, the sitting room was nut brown to talk pleasantly and to relax.

As usual, Sottsass was speaking slowly, calm and emotional at the same time. He spoke about what he does, in what he believes, in what he once believed, what he wants to convey; he spoke about success and defeat, about wars and bombs in the newspaper of the day. When he speaks he never presents his ideas as absolute. He always adds "I think," "it seems to me," "in my opinion," and so on. He tells things told ten thousand times, yet it is impressive how passionately he repeats the same things to each different person. He uses metaphors drawn from his memory and from his journeys. Metaphors are chosen depending on the listener. So it was that day. He liked my necklace, Alessio's shirt and Marco's scarf. The colours we had brought became his own colours, they became part of his memories, and his experiences became our experiences. Like in a roundabout spinning so fast that you lose your reference points, like in a blender, you are blended with smells, colours, sensations. You are blended by this ninety-year-old man with his young senses, you are blended in his life of sensory discoveries. Like the colours on Poltronova "Superboxes." Those colours belong to that object but they are shed around it, meaning that that object has that particular goal. It is not a box, it is a super-box. So I thought. I thought of words such as kindness, tenderness, modesty, calm, patience, honesty, simplicity, care, sweetness, serenity, measure, smile. These are words that Sottsass, architect Sottsass, often uses, and on which his research is based. They are words used in his writings and constantly overpowered by other words such as production, costs, gains, numbers, market. Those words in Sottsass's home seemed to have some meaning again.

Lost in those thoughts, I noticed a strange object standing alone on a shelf. It was made of wood, iron wire and paper-pulp. It was of a very intense pink, which penetrated the material. It was an artisan sculpture, a little childish, built with a horizontal wooden stick held up by two iron wires on a slim wooden structure. To decorate it there were some pink paper-pulp half-spheres and, in the middle, a darker little protuberance. The half-spheres were like breasts; light, cheerful, coloured breasts that could rock held by iron wires. It might be the representation of women's fertility, of the joy of living. It was sexuality displayed in the sitting room and not in the privacy of a bedroom. It was a sexuality that innocently participates in everyday life. It was that sexuality that we try to reach and push back at the same time, in a paradoxical game played between our natural feelings and the cultural and religious constraints to which we are subject from our beginnings. This sculpture was displayed in the sitting room, before everyone's eyes, with no shame, simply because there was no need to be ashamed.

At the end of the interview I asked Sottsass what that object was.

"It is a swing, a game for children," he replied. Then, seeing my interrogative expression, he added: "Why, what did you think it was?"

"A hymn to fertility."

"Why did you think so?"

"I thought I could see many breasts."

Finally he said: "You have a lot of imagination".

Where my eyes saw colour, lightness and happiness, my mind saw female organs and my brain saw a hymn to fertility. I should not have gone beyond the colours, the sensations, the game. I should have just let the swing rock and looked at it. I should have enjoyed the game without wanting to understand it at all costs. I should have accepted the emotive impulses without cataloguing, pigeon-holing. We should get free of our intellectualist side, as Sottsass said about our exhibition.

This might be a good starting point to understand Sottsass. Once he claimed: "I have always perceived things through my senses, through my eyes and my body."[1] Another time he added: "What is usually referred to as sensual, I call sensory. That is, life is perceived first through senses and then intellectually. One could say that sexuality is part of this sensory vocabulary and encyclopaedia."[2]

Here semantics may be of help. In the dictionary "to sense," from the Latin *sensum*, to perceive, is defined as the faculty to feel, to receive impressions produced by external stimuli. From "sense" the adjectives "sensory"–concerning sense activity–and "sensual"–what relates to the senses, to the pleasure of the sense, revealing voluptuousness-derive. "Sexual," instead, comes from the Latin root *sexus*, sex. Sensual, sensory and sexual are apparently very distant from each other, also etymologically speaking. For Sottsass, however, they are strictly connected. Why?

In a brief introduction to Sottsass's writings Alessandro Mendini makes a clear analysis on the working techniques through which Sottsass's philosophy gets into his heterogeneous and complex work. He writes: "His objects … convey a sensory perception, and not a rational one. For adults Sottsass designs things that make them go back to their childhood sensitivity." Moreover he writes: "According to Sottsass, to have the chance to get close to a hypothetical truth one should not use his own culture. One should use his own childhood's mental mechanisms." Children's drawings convey "immediate ideas, similarly to the sexual act, the most typical act of perception that works through the body, outside the vicious circle of mental structures."[3]

The sexual act is considered a source of knowledge using the senses. It is as important as the discovery of the world for a child. In our culture this is unthinkable, or at least weird, but what about elsewhere? In India sex and senses are strictly connected, with no criticism or censure whatsoever. Temples dedicated to deities are full of images bas-reliefs and statues that look embarrassing to us and sometimes, even worse, expressions of an inferior culture. Sottsass has found in India and in the Eastern world what is naturally connected to the discovery of life through sense perception, without the mediation of mental structures.

In his production sometimes sex is approached with irony, like in that pink ceramics vase of undoubtedly phallic form.[4] One might think that this is Sottsass's idea of sexuality, but it would be a mistake. The technique used to present that object, the collage of the coloured drawing of the vase on two black-and-white pictures about politics, clarify the meaning of that work as a mere provocation. At the same time, we can recognize the same phallic sign in the temple drawing for erotic experiences.[5] We are still in the period of counter-design, of counter-current thought. It is neither in the formalisms nor in the stylistic language where Sottsass's message lies. He uses a metaphoric language with few signs (circles, cylinders, squares, points, lines) and few archaic concepts (route, access, rest, meeting...) and he puts them together syntactically with infinite variations. Using few clear signs that everybody knows he creates a language. In the same way he needs no more than 100 words to write[6] and few rhetorical figures (anacoluthons and metaphors) to describe the essence of his concepts.

To fully understand Sottsass's research for a sacred life perceived through senses we need to refer to his production. From glass vases to furniture, from ornaments to photography, from writings to houses. In all these projects he mixes black-and-white with colours, measures with the out-of-scale, the sense of space with the sense of surfaces, the wrinkled with the smooth, the cold of plastic with the warm of wood and lakes, symmetry with asymmetry, the playful with the monumentality, life with death. Sign composition always shows a great knowledge of materials mixed with curiousness and with references to our and other cultures. Taking all this into account we understand the meaning of basements, where objects are like altars to look at respectfully. If we do so, if we free our perception, archaic structures buried in our unconscious will emerge and we shall be curious to discover them and to put our roots in the secular essence of problems.

Perhaps it is better if Sottsass himself told us the importance of senses.

"... I like to make love, ... I like to think about it, to talk about it, I like love stories, love poetry, love songs, love symbols, philosophies that talk about love, religions that start from love, ... I mean, love, the idea of making love, this topic should consciously be the centre of our life. It would indeed be so were it not distracted all the time by obscenity, vulgarity, adultery, by the idea of sin, by the so-called social necessities and by similar nonsense and all the like. The idea of making love should be the centre of our life and life should be built around love, and the symbols that in our society are organized around power, might, presumptuousness, greed, money and violence should be organized, in my view, around love, true love, the one we make in bed one in another's arms grasping for a moment a whisper coming from an unknown dimension, from the origin of life. If people thought more about love without obscenity and vulgarity, if people truly thought about it more, with happiness, they would have no time to do those stupid things they are doing now in Vietnam or in the Congo, for example, or everywhere else. Those macabre stupid things that have always been done and will always be done in American prisons, and in the Russian ones, and in every prison or war or massacre or anywhere violence is used, anywhere people are distracted from the idea of making love."[7]

I could not find clearer words to explain the respect deserved by life. Life, which is sacred in itself. I can only add that anyone who knows Sottsass personally and through his work would wear a beautiful coloured necklace in order to reveal something of ourself that is alive, although often ignored.

This is the importance of Ettore Sottsass's writings, drawings, architecture, glasses, ceramics, ornaments, photography and furniture. They help us to use our senses, all of them, to re-discover that we are alive. In my view.

note

[1] Stefania Rossini, *Intervista sentimentale con Ettore Sottsass.*

[2] Francesca Balena Arista, *Intervista a Ettore Sottsass*, Milano 6 giugno 2001.

[3] *Sottsass Scrap-Book*, a cura di Federica di Castro, Milano 1976, pp. 4-5.

[4] Simboli della vita, 1971.

[5] *Il pianeta come festival: Tempio per esperienze erotiche*, 1972.

[6] *Sottsass Scrap-Book*, cit., p. 4.

[7] Ettore Sottsass, *Una stanza per l'amore* (1965), in *Scritti 1946-2001*, a cura di Milco Carboni e Barbara Radice, Vicenza 2002, pp. 153-154.

notes

[1] Stefania Rossini, *Intervista sentimentale con Ettore Sottsass.*

[2] Francesca Balena Arista, *Interview with Ettore Sottsass*, Milan 6 June 2001.

[3] *Sottsass Scrap-Book*, edited by Federica di Castro, Milan 1976, pp. 4–5.

[4] Simboli della vita, 1971.

[5] *Il pianeta come festival: Tempio per esperienze erotiche*, 1972.

[6] *Sottsass Scrap-Book*, cit. p. 4.

[7] Ettore Sottsass, *Una stanza per l'amore* (1965), in *Scritti 1946-2001*, edited by Milco Carboni and Barbara Radice, Vicenza 2002, pp. 153–54.

Le storie del signor E.
Alessio Bozzer

È tutto relativo.

Tanto più quando si deve raccontare di una persona. Che si sveglia al mattino, e a seconda di come ha dormito può essere in un modo o in un altro. Poi a seconda di quello che mangerà o non mangerà passerà un buono o meno buono pomeriggio. Che si ritroverà alla sera con uno stato d'animo oppure un altro, a seconda delle telefonate che avrà o non avrà ricevuto. E che di notte potrà essere un uomo oppure un altro a seconda di chi avrà o non avrà vicino.

Ogni possibilità, ogni differente modo si moltiplica quando si racconta non di una, ma di tante persone, simili tra loro ma diverse, ognuna con le proprie mattine, i pomeriggi e le notti.

Considerate, quindi, le storie che state per leggere, alla luce di queste infinite possibilità e considerate che i sentimenti che ne trarrete, anch'essi saranno tanto diversi quanto le situazioni e i momenti nei quali vi troverete. Rileggetele, quindi, se vi pare, al mattino, al pomeriggio o alla notte.

Anche perché, può darsi, che il filo, sottile e incerto che lega tutte queste storie sia difficile da distinguere, complicato da seguire, e che talvolta richieda uno stato d'animo particolare per non essere spezzato.

Poiché le storie che sto per raccontare, apparentemente, poco hanno in comune. Sono legate, perlopiù, da coincidenze. E le coincidenze sono cose che hanno a che fare con il destino. E il destino, si sa, è una cosa che non tutti accettano, che non tutti concepiscono come possibile. Almeno non al mattino, né al pomeriggio. Forse di notte.

Considerate, quindi, le storie che state per leggere con il beneficio del dubbio, sfogliatele e girateci intorno, prendetene ciò che, in quel momento, vi sembrerà più giusto.

Incominciamo dall'inizio.

C'è un bambino, che vive a Trento. Suo padre è un architetto, giovane, ed è italiano. La madre è austriaca. A dire il vero anche lui è nato in Austria, a Innsbruck, in Sterngasse, che in austriaco vuol dire "strada delle stelle". Ed è curioso che questo bambino sia nato proprio in una strada con questo nome, come se il suo destino fosse da subito legato a qualcosa di altro rispetto a questa realtà, a questo mondo.

I suoi genitori si sono spostati presto a Trento, e lui si è ritrovato a passare le giornate, le lunghe giornate estive, sui prati vicino a casa, nella Val d'Adige, tra i monti Calisio, Celva e Marzola.

Sono giornate solitarie, staccate quasi dalla realtà (ma la realtà è una cosa da grandi e per i bambini è sempre una cosa diversa). Passa il suo tempo sui prati, al sole, e le sue coordinate sono da subito una frastagliata linea dell'orizzonte, con i pini verdi e le montagne marroni e grigie e sopra un cielo blu intenso. E in questo suo solitario mondo il bambino, il cui nome inizia per E., impara a conoscere tutte le piccole e infinite cose che lo compongono: i fiori, le more e i lamponi, le vespe, le mosche, le farfalle e le formiche, i funghi, i sassi, i ruscelli.

Suo padre, come ho già detto, è un architetto. Non uno di quegli architetti con uno studio di trecento persone, un architetto artigiano, che lavora a casa. Che non utilizza il computer (questa è una storia di qualche anno fa quando i computer ancora non c'erano) ma la matita, l'inchiostro di china e le carte da architettura, quelle sottili beige trasparenti. Il piccolo E. osserva i disegni, le carte, le forme. E anche lui disegna tutti quei colori che nel suo mondo conosce e li chiama con i loro nomi: disegna le genziane con un blu oltremare, le vespe con il giallo, disegna le campanelle con l'azzurro, le more con un viola scuro, i finferli con un giallo uovo, i porcini con il marrone e con il rosso disegna i funghi velenosi, il suo paio di piccoli sci e una giacchetta di panno, e anche una macchia di sangue sulla neve. E tutti quei colori, per lui bambino, non sono un elenco classificato di codici ma sono le cose stesse. E quindi ogni colore è proprio quello, unico e diverso da un altro, ed è importante che la vespa e i finferli non sono la stessa cosa, non sono gialli e basta, ma sono la vespa, o i finferli. Si potrebbe dire che forse è così per tutti i bambini. Ma quando continuano a considerare e a trattare i colori nello stesso modo quando bambini non lo sono più allora qualcuno li chiama artisti.

O matti. O filosofi. Ed è di un filosofo la prossima storia. Che bambino non è più e che non vive a Trento. Ma che per una strana coincidenza ha il nome che, come il bambino, inizia per E.

Non è in realtà, filosofo e guai a chiamarlo tale, ma così forte è l'impressione e l'emozione che crea nelle persone, e così appassionate e incantate le cose che dice, che è difficile restare indifferenti a un incontro con lui. E parlo per esperienza personale. Nel nominare il suo nome con le persone che lo conoscono, più o meno bene, che l'hanno incontrato cento volte, o solo una o solamente l'hanno ascoltato parlare dalle ultime file di una stanza stracolma, i volti si illuminano, si aprono in dolci sorrisi. Non uno che non dica "speriamo di rivederlo presto".

E. parla dolcemente, e parla volentieri. E scrive, tanto e tanto bene. Ma non ha mai insegnato, non vuole insegnare. Socraticamente, non impone dictat, termina le frasi con dei "forse", con dei "mi pare", con dei "non so". Tratta le cose, le osserva con la libertà di un bambino (o di un artista), i suoi occhi non sono mediati da nessun velo di preconcetto, di ideologia, di abitudine. I suoi occhi vogliono vedere la sostanza, la verità. E la verità è molto difficile da capire. Davanti ai templi di pietra dell'India, alla loro misteriosa e impressionante sacralità, dice attonito "Vorrei sapere perché".

Rifiuta ogni vincolo, ogni impedimento che possa allontanare le persone dal loro rapporto con il cosmo. Rifiuta la violenza, i codici preconcetti, che non sono altro che imposizioni di qualcuno sugli altri, imposizioni di qualcuno per indirizzare comportamenti, imposizioni di qualcuno per limitare la libertà, e quindi violenza. Imposizioni di qualcuno per definire la bellezza. E quindi violenza.

Ho letto qualcosa in cui qualcuno diceva di lui che è un mago. E forse è vero. Pare che E. porti con sé, nel mondo d'oggi di tecnologia e scienze esatte, un retaggio quasi primitivo, selvaggio. Un pensiero magico, definito su qualche libro "una gigantesca variazione sul tema del principio di casualità"[1]. Il suo modo di approcciarsi alla realtà prevede quasi una sorta di determinismo "magico", non assoluto, in cui esistono sempre zone buie, sconosciute, sacre. Le sue parole mi ricordano un detto di un indiano Pawnee dell'America del Nord: "Ogni cosa sacra deve stare al suo posto"[2].

C'è un altro uomo, un fotografo, che come tale è un ladro di momenti, di situazioni, di luci. Apparentemente all'opposto dell'E. di cui ho parlato sopra (e anche in questo caso il destino vuole che il suo nome inizi per E.), raccoglie, testimonia muto ciò che vede, ciò che esiste già. Al fotografo non serve il pensiero, serve solo la tecnica. A ben guardare le sue foto, però, si assomigliano, raccontano, ma sono mediate da un occhio non imparziale. Mostrano una verità. Perché la verità è relativa. I suoi soggetti, presi dappertutto nel mondo, sono tasselli, come per ricomporre ostinatamente un sacro testo perduto e disperso, un'impresa immane, disperata. I suoi soggetti sono puri, semplici, drammatici, definitivi. Sono le cose davanti alle quali le persone, tutte le persone, sentono un istinto presociale, preistorico, come animali davanti alla luna.

Seni di ragazze, inquadrature che si puntano proprio lì, non importa se si taglia un po' la testa. Sono cartelloni erotici o graffiti osceni. Ma anche muri spogli, vuoti, che portano nel nulla. Distese senza fine. Ruderi di monumenti, ruderi di cose. Immondizia, cose rotte, polvere. Questo siamo (seni) e questo saremo (ruderi). Così parlano i fotografi. Tacendo. E può anche pagarla cara un fotografo che riprende squallore, ragazze e porte semiaperte. Racconta E. di quando, nell'ex Yugoslavia, è stato fermato da soldati per aver fotografato una sedia rotta, deprimente per l'immagine del potere perfetto. O in Egitto, fermo per ore in un ufficio di polizia per aver fotografato una finestra rotta. O a Marsiglia per aver fotografato l'insegna di un bar.

Ma questa è la vita di un fotografo, che segue il sottile filo di qualcosa di inspiegabile, che si ostina dolcemente in un'impresa che non riuscirà mai, che abbandona il capo sul sedile di una macchina veloce, e dice "Le autostrade americane sono così romantiche con tutti quei giganteschi cartelloni".

Un'altra storia, quella di E., non il bambino, né il filosofo, né il fotografo. Un altro. Viaggiatore, anche lui. Anche lui, apparentemente ostinato nella ricerca di qualcosa. Ma non di pezzi di qualcosa, non di un ordine perduto. Piuttosto di sensazioni, di odori, di visioni. Non torna a casa, lui, con foto, ma con frammenti di diari, ricordi frammentari, intensi, difficili da ordinare e trascrivere. Perché, si potrebbe dire, non è questo il suo intento. Non è la ricerca che interessa a E. È la vita, con tutte le sue infinite possibilità di percezioni e sensazioni e impressioni e folgorazioni. Ed è difficile, impossibile, raccontarle, se non attraverso ricordi e vaghe storie, impressionati nella mente e riportati a parole, o in poche, o molte righe, a volte precise, a volte incerte, a volte fredde, a volte sognanti.

C'è il giallo della luce al neon sui soffitti dello studio di George Nelson, a Manhattan.

Ci sono le foglie, le pietre, l'acqua e il silenzio, visti da una finestra di carta, in una stanza di carta e legno, con un pavimento di stuoie di paglia di bambù, in un albergo a Kyoto.

C'è la voce roca e debole di Bob Dylan, con la sigaretta accesa, in uno scuro ristorante di New York.

C'è il bianco, il nero, il grigio, le urla, il dolore, la guerra nella *Guernica* di Picasso, appena dipinta, nel 1938, a Parigi.

C'è la pioggia battente sul vetro di una Fiat Topolino B che attraversa gli Appennini, da Milano a Firenze.

La malattia, la prigionia, la guerra, a Sarajevo nel 1943, e le cipolle crude, l'unico cibo disponibile.

C'è il cielo birmano, il più bel cielo che si possa immaginare.

C'è la ragazzina cinese, soprannominata Welcome, a Xi'an e la Foresta di Pietre con 2300 pilastri di pietra grigia e nera.

C'è il rosso splendente dei bicchieri di vetro soffiato di Murano, appoggiati su un tavolo da pranzo, illuminati dalla luce tropicale, e accanto Ernest Hemingway, in bermuda sorretti da uno spago, che gioca con dei gatti.

E molte, moltissime altre cose. Che non saprò mai, ma va bene così.

Ma, come dicevo all'inizio, tutte queste storie hanno a che fare con il destino. E che ci crediate o no, tutte queste persone che ho descritto hanno vissuto un momento in comune. Tutte si sono ritrovate in una piccola stanza d'ospedale, con le luci al neon viola, in silenzio, a vegliare una persona, che giaceva sul letto davanti a loro, molto malata. E per una coincidenza, una assurda e incredibile coincidenza questa persona aveva un nome che iniziava per E.

Erano tutti lì, disperati. Entravano e uscivano dalla stanza, con gli occhi rossi, senza parlare.

Quest'uomo era malato, si era ammalato l'estate precedente. Dopo molti tentativi e molti consulti gli consigliarono l'America. Si ritrovò quindi in una clinica a Palo Alto, nella camera 128 East, in fin di vita.

Quello che avvenne poi è misterioso. Guarì, e riprese la sua vita. Ma qualcosa avvenne, in una di quelle scure notti in quella camera 128 East. Renderò conto di una voce, di una teoria, assurda a prima vista. Un'idea, che ho sentito da qualcuno e che, se pensiamo al destino, al caso, a quello che sappiamo o che crediamo di sapere e a tutto quello che non sappiamo, beh, può anche solo essere presa in considerazione. E se a una prima lettura vi sembrerà assurda, provate a rileggerla.

Pare che, effettivamente, E. morì di quella malattia, nella camera 128 East. O comunque che la sua anima si apprestasse a lasciare il suo corpo quando qualcosa decise di deviare il naturale corso delle cose, decise che quell'E. doveva restare ancora un po' qui, con noi. E quindi E. si svegliò, e guarì. I medici, increduli, lo tennero in osservazione, lo lasciarono mesi ancora steso su quel letto, ma lui stava bene.

Ma era cambiato. Aveva adesso una diversa percezione delle cose, sapeva parlare un'altra lingua. Anzi, imparava a rappresentare, come delle visioni, i primi segni di questa nuova lingua. Che qualcuno gli aveva consegnato, assieme all'onere di divulgarla, di scriverla, di lasciarla presente nelle cose per chi, tra mille anni, finalmente avrebbe imparato a leggera.

E iniziò quindi a tracciare sulla carta neri intensi, soli arancio e rossi e oro, linee d'orizzonte senza un sopra e un sotto, quadrati dentro cerchi, cerchi dentro quadrati, concentrici, in fila, intersecati.

Quel nuovo alfabeto prendeva via via forma. E nasceva al di fuori di qualsiasi contesto, autonomamente. Erano parole che portavano in sé una tale carica di significato che toccavano profondamente, anche senza essere immediatamente capite.

E divenne un'ossessione per lui questa continua necessità di comunicare. Disegnava, disegnava sempre. E così facendo, tracciava forme e le forme messe nel mondo parlavano. Parlavano, ipnoticamente, a un livello inconscio, più profondo. Avevano il potere, misteriosamente, di innescare pensieri, di provocare emozioni. Pareva fossero lì per rivelare, per svelare, per consolare. Erano visioni, immediate e fulminee aperture verso qualcos'altro, verso una consapevolezza di sé. Capitava davvero di toccare con paura e discrezione queste forme, come fossero reliquie di milioni di anni, o oggetti del futuro non ancora inventati, e di mettersi a piangere. Capitava davvero di guardare da vicino, da soli, queste forme e capire che c'è qualcosa oltre, che c'è qualcosa di sacro, di prezioso, di essenziale oltre ciò che vediamo, oltre ciò che conosciamo a memoria o che siamo sicuri di conoscere. Oltre alle nostre case e ai nostri vestiti. Oltre alla televisione, oltre alla politica e a tutti i discorsi da bar sulla politica. Oltre alle sedie di design, oltre alle inaugurazioni delle mostre d'arte.

E pareva che funzionassero queste forme. Pareva davvero che con pazienza e buona volontà, forse non tra mille, magari già tra ottocento anni tutti avrebbero capito questa lingua, questo alfabeto, che finalmente sarebbe stato una cosa naturale per tutti.

Ma si sa che niente mantiene mai ciò che promette. Le persone si stancano facilmente e si stufano ancora più facilmente. Ci sono poi i "creativi" che, nell'entusiasmo, copiano banalmente i segni, li semplificano e li riproducono, senza mantenerne o rispettarne il significato. E si sa che i creativi si moltiplicano come i funghi. E ci sono poi quelli che vedono nel simbolo riconosciuto la potenzialità del guadagno, e allora lo trasformano in merce. E quindi il povero E. ha preferito rifugiasi su un'isola, una calda isola vicino all'Africa, dove non c'è nemmeno l'elettricità. Ed è lì, a tracciare sempre le sue forme su fitti diari, che chiude in cassetti segreti. Forse perché le persone su questo pianeta sono troppo stupide, o semplicemente perché non è ancora il momento.

Mi ritrovo seduto davanti al mare blu, su una panchina di marmo, con i miei due compagni di viaggio. Siamo a Trieste. Davanti a noi c'è questa strana cattedrale, vetrata su tutti i lati. Un edificio a tre navate, dove fino a pochi anni fa uomini vendevano il pesce, all'alba, su enormi banconi di pietra grigia. Ora è vuota, è un museo. In questo museo, tra poco, inaugurerà una mostra, e siamo noi tre a farla. Davanti al mare blu, con il vento che arriva addosso, ci chiediamo come faremo. Una mostra su Ettore Sottsass. Sarebbe stato, penso, molto più semplice fare una piccola mostra raccogliendo i disegni infantili di un bambino, o gli scatti di una vita di un bravo fotografo. O esponendo, semplicemente e ordinatamente i disegni di un artista. O raccogliendo memorie e ricordi di uno scrittore per farne un piccolo libro.

E invece siamo qui a pensare a questa mostra su Ettore Sottsass, e ci chiediamo come fare. Mi sembra di sentirlo, davanti a questo mare, con questo vento, con la sua voce pacata, che ci dice in un orecchio: "La vita non è mica semplice".

Mr. E. Stories
Alessio Bozzer

Everything is relative.

Especially when you talk about someone. One wakes up in the morning and according to how well he has slept he may be in one mood or in another. Then, according to what he has eaten or not eaten he will have a pleasant or less pleasant afternoon. And then he will feel better or worse in the evening according to the telephone calls he has received or not received. And at night he will feel differently according to whom shares his bed.

Every possibility multiplies when, instead of one person only, we take into account many people who are similar to one another and different at the same time. Each one having his own mornings, his own afternoons and his own nights.

Therefore, please read the following stories in the light of these different possibilities and note that what you get from them will be different according to the moment and to the situation in which you read them. Therefore, should you deem it useful, please read them again in the morning, in the afternoon or at night.

Also because it might be difficult to grasp and to follow what makes these stories vaguely similar to one another, and this also depends on the reader's mood of the moment.

The stories I am about to tell seem to share little. What they share is mainly a question of coincidence. Coincidence, however, has to do with fate, which is something that many people do not accept and do not regard as possible. At least neither in the morning nor in the afternoon. Maybe at night.

Therefore, feel free to pick up what you like from the stories below. Skim through them and consider only what you find right.

Let's begin from the beginning.

There is a boy who lives in Trento. His father is a young, Italian architect. His mother is Austrian. Actually, he was born in Austria too, in Innsbruck, in Sterngasse, which means "star street." It is funny that this boy was born there, as if he had always been destined to something different from this reality, from this world.

Soon his parents moved to Trento, where he used to spend whole days, whole summer days, on the lawns near home in the Val D'Adige, surrounded by the Calisio, the Celva and the Marzola mountains.

These are lonely days, almost detached from the reality–what adults call this, however, is very different for children. He spends time on the lawns, in the sun and surrounded by brown and grey mountains, green pine trees and a deep blue sky. Here this child, whose name starts with "E", gets to know all the countless little things that make up this world–flowers, blackberries, raspberries, wasps, flies, butterflies, ants, mushrooms, stones, streams...

As I said, his father is an architect. He is not one of those architects who has a studio with 300 people. He is an artisan architect and works at home. He doesn't use a computer–this story takes place some years ago, when computers did not exist. He uses pencils, Indian ink and the thin, transparent beige architecture papers. Little E. observes the drawings, the papers, the forms. Also he draws all those colours that he sees in his world and calls them by their name. He draws gentians using ultramarine blue, wasps using yellow, bindweeds using azure, blackberries using dark violet, pore mushrooms using brown. He uses red for poisonous mushrooms, his small skis, his small woollen jacket and also for a stain of blood in the snow. For this boy all those colours are not a classified list. They are all the same. Each colour is not just its name. It is an object. We could say it is the same for every child. However, when this happens to an adult, then we call him an artist.

Madmen or philosophers. The next story is about a philosopher. He is not a child and does not live in Trento. Due to a strange coincidence, however, also his name starts with "E."

He is not really a philosopher, and he hates to be addressed as such. However, so strong is the impression and the emotion that he leaves on people, and so enchanted the things he says that it is very hard to remain indifferent to him. I know this because it is my personal experience. When I mention his name to people who know much or little about him, who have seen him many times or just listened to his words from the last rows of a hall full of people, every face brightens and gives a sweet smile. Everybody says, "Let's hope he comes back soon."

E. speaks soflly and willingly. He writes a lot and very well too. He has never taught though. He does not want to. Just like Socrates, he does not like *dictats* and ends his sentences with "perhaps," "I think," "I do not know." He observes and talks about things with the freedom of a child–or of an artist. His eyes are mediated by no veil of prejudice, ideology and habits. His eyes want to look into the distance, into the truth. Truth is very difficult to understand. In front of Indian stone temples, in front of their sacredness he says "I wonder why." He rejects any constraint and any obstacle that keeps people away from the cosmos. He rejects violence, prejudicial codes–which are just someone's impositions on someone else, someone's impositions to obtain a behaviour from someone else, to limit someone else's freedom. Violence. Impositions by someone to define beauty. Violence.

I have read that someone said he is a wizard. It may be true. E. seems to bring primitive and savage elements into this technological world. A magic thought which has been defined "a whole new way of interpreting the principle of casualty."[1] His way to approach reality entails some kind of magic and non-absolute determinism, where there are dark, unknown and sacred corners. His words remind me of a Pawnee Indian maxim (Northern America): "Every sacred thing must stay in its own place."[2]

There is another man, a photographer, a thief of moments, situations and light. Also in this case, destiny wanted his name to started with "E." Apparently in contrast to the previous E., however, he collects and witnesses what he sees, what already exists and does not add anything to it. Photographers do not need to think. They only need technique. Looking at his pictures with greater attention, however, you may notice that each one is similar to the other one. They tell stories mediated by a non-impartial eye. They show one truth. Because truth is relative. His subjects are blocks to stubbornly reassemble a lost, sacred text. It is a huge and hopeless job. His subjects are pure, simple, dramatic, definitive. In front of them everybody, anybody feels a pre-social and prehistoric instinct, as in front of the moon. Girls' breasts, shots that leave no room for imagination, no matter if the head has to be cut. They are erotic posters or obscene graffiti. They are bare, empty walls heading to nowhere. Endless expanses. Ruins of monuments, ruins of things. Rubbish, broken things, dust. This is what we are (breasts), this is what we will be (ruins). So photographers say. Silently. A photographer who focuses on bleakness, half-opened doors and girls may have to pay for it. E. tells us about when in the former Yugoslavia he was stopped by some soldiers because he had photographed a broken chair, a depressing view for the image of perfect power. In Egypt he spent hours at the police station because he had photographed a broken window. In Marseilles he was stopped because he had photographed a bar sign.

This is how photographers live, following something inexplicable and trying obstinately something that will never come to an end and leaning their head on the seat of a fast-moving car saying: "How romantic American motorways are, with all those huge posters..."

Another story is that of E. He is neither the boy, nor the philosopher, nor the photographer. He is someone else. Also he is traveller. Also he seems to stubbornly look for something. Not for blocks of something and not for some lost order. Rather, he looks for sensations, smells, visions. He does not go back home with pictures. He goes back with fragments of diaries, of intense memories that are difficult to reorganize and to write down. Perhaps because this is not his purpose. E. is not interested in research. He is interested in life with all its possible perceptions, sensations, impressions and sudden intuitions. It is difficult, it is impossible to tell them. They can only be told through memories and vague stories impressed in his mind and put into words or into more or less lines which sometimes are precise and sometimes uncertain, sometimes cold and sometimes dreamy.

There is the yellow neon light on the ceilings of George Nelson's studio in Manhattan.

There are leaves, stones, water, silence seen from a paper window, in a paper and wooden room, with a bamboo straw floor in a hotel in Kyoto.

There is Bob Dylan's hoarse and faint voice, while he smokes a cigarette in a dark New York restaurant.

There is white, black, grey, screams and war of Picasso's *Guernica*, which had just been painted in 1938 in Paris.

There is heavy rain on a Fiat Topolino B's window crossing the Apennines from Milan to Florence.

Sickness, captivity, war in Sarajevo in 1943, and raw onions, the only food available.

There is Myanmar's sky, the most beautiful sky one could ever imagine.

There is a Chinese girl whose nickname is Welcome, in Xi'an, and the Stone Forest with 2300 pillars of black and grey stone.

There is the shining red of glasses blown in Murano, on a dining table, lit by tropical light. Ernest Hemingway, in shorts hold up by a rope, playing with some cats.

And a great deal of other things, which I will never know. But that's fine.

However, as I said at the beginning, all these stories have to do with destiny. Believe it or not, all the people I have told you about have shared a moment. All of them have gathered in a small hospital room lit with violet neon, to silently keep vigil at a very sick person's bedside. For a stunning coincidence, this person's name started with "E."

They were all there, desperately. They would go in and out of the room silently. Their eyes were red. That man was sick. He had become sick the previous summer. After many tries and many consultations he had been advised to go to America. Then he found himself in a hospital in Palo Alto, room 128 East. He was almost dying.

Then something mysterious happened. He recovered and went back to his life. However, something happened on one of those dark nights in that room 128 East. I will tell you about a rumour, a theory that may seem like nonsense at first. I heard it somewhere and it might be worth considering if we thought about destiny, about chance, about what we know or think we know. Should you find it absurd, try to read it again.

Apparently, E. died in that room. His soul was about to leave his body when something deviated the normal course of things and decided that E. had to stay among us awhile more. Therefore E. woke up and recovered. Doctors thought that it was impossible and kept him in bed for months. But he was fine.

He had changed, though. He had a different perception of things and could speak another language. He was learning to represent the first signs of this language as out of visions. Someone had given him this language and the duty to teach it, to write it, to fix it somewhere for those who, in a thousand years' time, would be able to read it.

He began to trace intense black, orange, red and golden suns, ambiguous horizons, squares in circles and circles in squares, concentric, in rows, intersected circles.

He was creating a new alphabet out of a context, autonomously. Those words had such an energy and a significance that they were deeply touching, even though they could not be immediately understood.

The need to communicate became an obsession for him. He kept drawing. Always. He traced forms and his forms could speak. They hypnotically spoke at an unconscious, deeper level. They had the power to mysteriously create thoughts and emotions. They seemed to be there to show, to reveal and to comfort. They were visions, immediate and lightning openings towards something different, towards self-awareness. There was fear and discretion in touching those forms, as if they were relics of a very ancient past, or future objects which had not yet been invented. Somebody might even cry at their touch. One could closely look at these forms, alone, and understand that there is something beyond them. There is something sacred, precious and essential beyond what we see, what we know or what we think we know. Beyond our houses and our clothes. Beyond TV and politics and all silly talks about politics. Beyond designer chairs and inaugurations of art exhibitions.

These forms seemed to work. It seemed that in less than a thousand years, maybe just in 800 years' time everybody would be able to understand this language, this alphabet, which would become something normal at last.

However, promises are far away from reality. People quickly become tired and ever more quickly they get sick. Advertising people enthusiastically copy someone else's signs, making them banal and simplifying them. They reproduce signs without keeping and respecting their meaning. The world is full of advertising people, unfortunately. There are also people who see money in shared symbols and turn them into goods. Therefore, poor E. has decided to go to a warm island near Africa where there is not even electricity. He is still there, tracing forms in full diaries that he closes in sacred drawers. Perhaps because people on this planet are too stupid, or maybe just because it is not time yet.

I am sitting on a marble bench, in front of the blue sea with my two travel companions. We are in Trieste. In front of us this cathedral with glasses on all sides stands. A building with three naves where until few years ago some people sold fish at dawn on huge grey stone counters. Now it is empty. It is a museum. In this museum an exhibition will soon be inaugurated. It will be the three of us who have made it. In front of the blue sea, the wind biting our faces, we wonder how we shall manage. It is an exhibition on Ettore Sottsass. I suppose it would have been much easier to make a small exhibition collecting some child's drawings or some good photographer's pictures, or displaying an artist's drawings simply and tidily, or collecting a writer's memories into a small book.

But we are here, thinking about this exhibition on Ettore Sottsass and wondering how to manage it. I imagine hearing him, in front of this sea, in this wind, whispering to me in his calm voice, "Life is not at all easy."

note

[1] Claude Levy-Strauss, *Il pensiero selvaggio*, Milano 2003, p. 23.
[2] *Ibidem*.

notes

[1] Claude Levy-Strauss, *Il pensiero selvaggio*, Milan 2003, p. 23.
[2] Ibidem.

Ceramica

In uno dei suoi scritti lei parla dell'importanza che le ceramiche avevano una volta, quando un sultano, come massimo dono, regalava a un altro personaggio importante venti pezzi di ceramica. Cosa che adesso pare quasi ridicolo dire.

Le ceramiche di cui parli erano quasi porcellane. Erano uno speciale celadon, un colore speciale, un verde oliva molto strano che si faceva in Cina

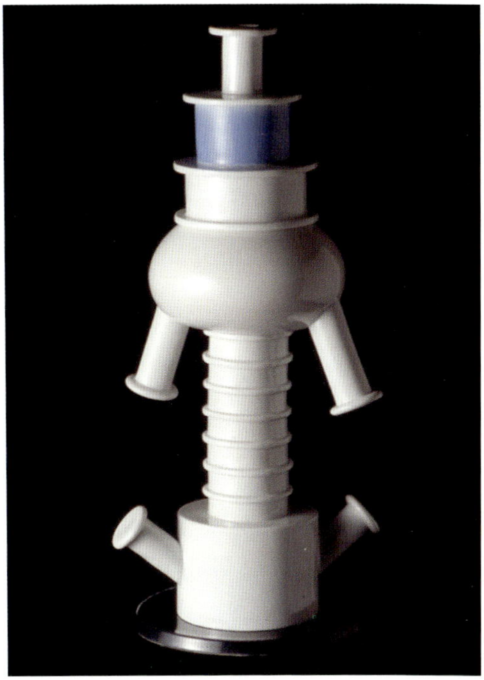

Vasi / Vases Euphrates, Nilo,
Tigris, Memphis, 1983.
Foto / Photo Studio Azzurro
Fotografia

Ceramica / Ceramic Una volta,
collezione / collection "Rovine",
Design Gallery Milano, 1992.
Foto / Photo Santi Caleca

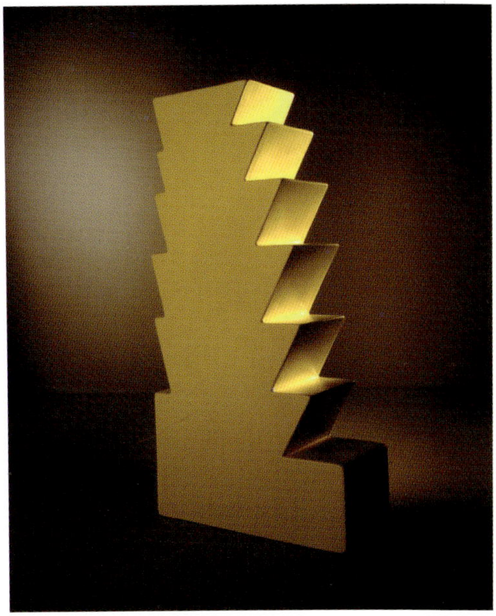

Ceramiche / Ceramics Senza spiegazioni, Fastosi progetti, Me stesso, Mi accorgo, collezione / collection "Rovine", Design Gallery Milano, 1992.

Foto / Photo Santi Caleca. Collezione / Collection Gruppo Colorobbia

per la casa dell'imperatore. Quando l'imperatore faceva cene, gli portavano servizi speciali che venivano eseguiti nei laboratori pagati dall'imperatore. Come fino a poco fa in Francia. A Sèvres, per esempio, c'era un reparto che faceva solo porcellane per banchetti. Queste ceramiche venivano cotte in stabilimenti speciali. Oggi nessun imperatore regalerebbe un celadon a un suo collega. Di solito regalano spade o piccole bombe atomiche, cose così.

C'è qualcosa che oggi, secondo lei, ha la stessa qualità tecnica?

Certamente no. Ci sono anche ceramiche persiane stupende, perché i persiani usavano una calligrafia già molto bella di per sé. Voglio dire che dietro a queste produzioni, dietro a queste invenzioni ci sono secoli di cultura. Non come adesso. La vita della politica in quei secoli era molto legata a una tradizione culturale. Era legata anche a un'idea della bellezza, anche a un'idea della preziosità. Oggi l'unica preziosità che vedo è quella di avere uno yacht da trenta metri con su tre o quattro puttane e buonanotte. L'Oriente è pieno di tradizioni culturali, di sapienza, di capacità espressive e di profondo interesse per queste cose. Un altro esempio. Le ceramiche cinesi hanno secoli dietro le spalle per essere quello che noi conosciamo e vediamo nei musei. Adesso la nostra cultura è diversa e va benissimo così se si parla di culture antiche, questa è la loro storia. Un altro esempio. Quando siamo andati in Persia con Barbara, una delle cose che mi hanno fatto più impressione è stato un sabato pomeriggio, quando qui da noi girano tutti a guardare le vetrine dei negozi: vicino a Shiraz, vediamo un piccolo mausoleo pieno di giovani ragazzi. Era il mausoleo di Hafez che è per la Persia, e anche per noi, un grandissimo poeta. Lì c'erano studenti che toccavano la tomba, accarezzavano la tomba. Due studenti si leggevano l'un l'altro le poesie. Te lo immagini a Milano? Come accennavo prima la ceramica araba in generale ha scritte molto belle di per sé, che sono versetti del corano. C'è un rapporto con la religione. Come c'era un grande rapporto con la religione nella nostra pittura rinascimentale che, secondo me, aveva a che fare con quello che io chiamo forse più una forma di sacralità, che non di religiosità. Immaginare cioè l'oggetto come una cosa meravigliosa da raggiungere.

In questi manufatti possiamo dire che c'era sempre l'intento che l'oggetto raggiungesse una qualità alta perché doveva durare.

L'oggetto doveva anche durare ma anche doveva aiutare la vita, non come adesso con la lavapiatti, voglio dire aiutare la vita in un altro modo.

Quando uno ha una grande intimità con un oggetto, toccandolo può addirittura mettersi a piangere. Quando è stata l'ultima volta che ha preso in mano una ceramica e si è commosso?

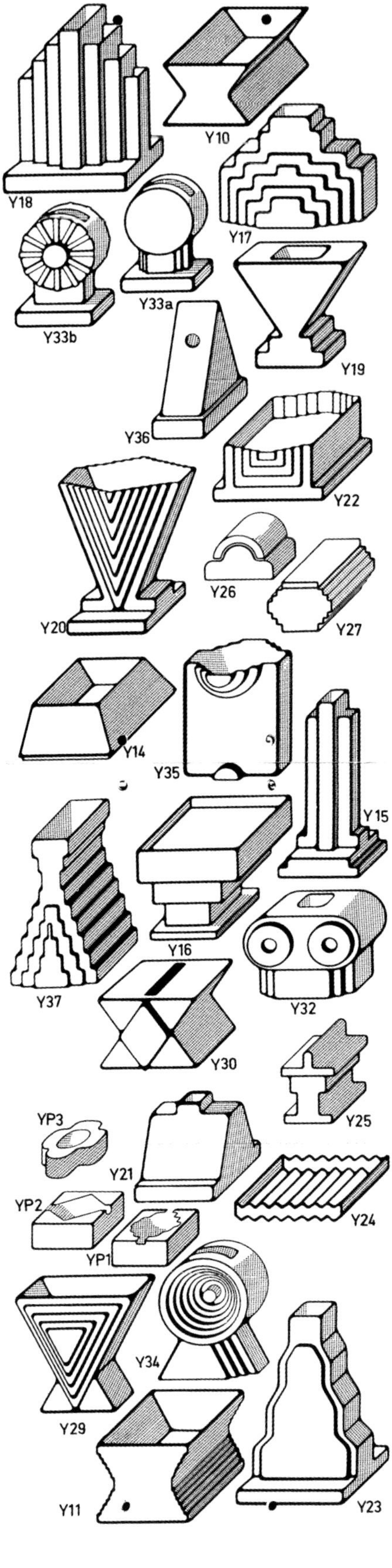

Ceramiche serie / Ceramic series "Yantra", grafici dei vari modelli / drawings of the different models. Poltronova, 1969.
Foto / Photo Archivio Poltronova

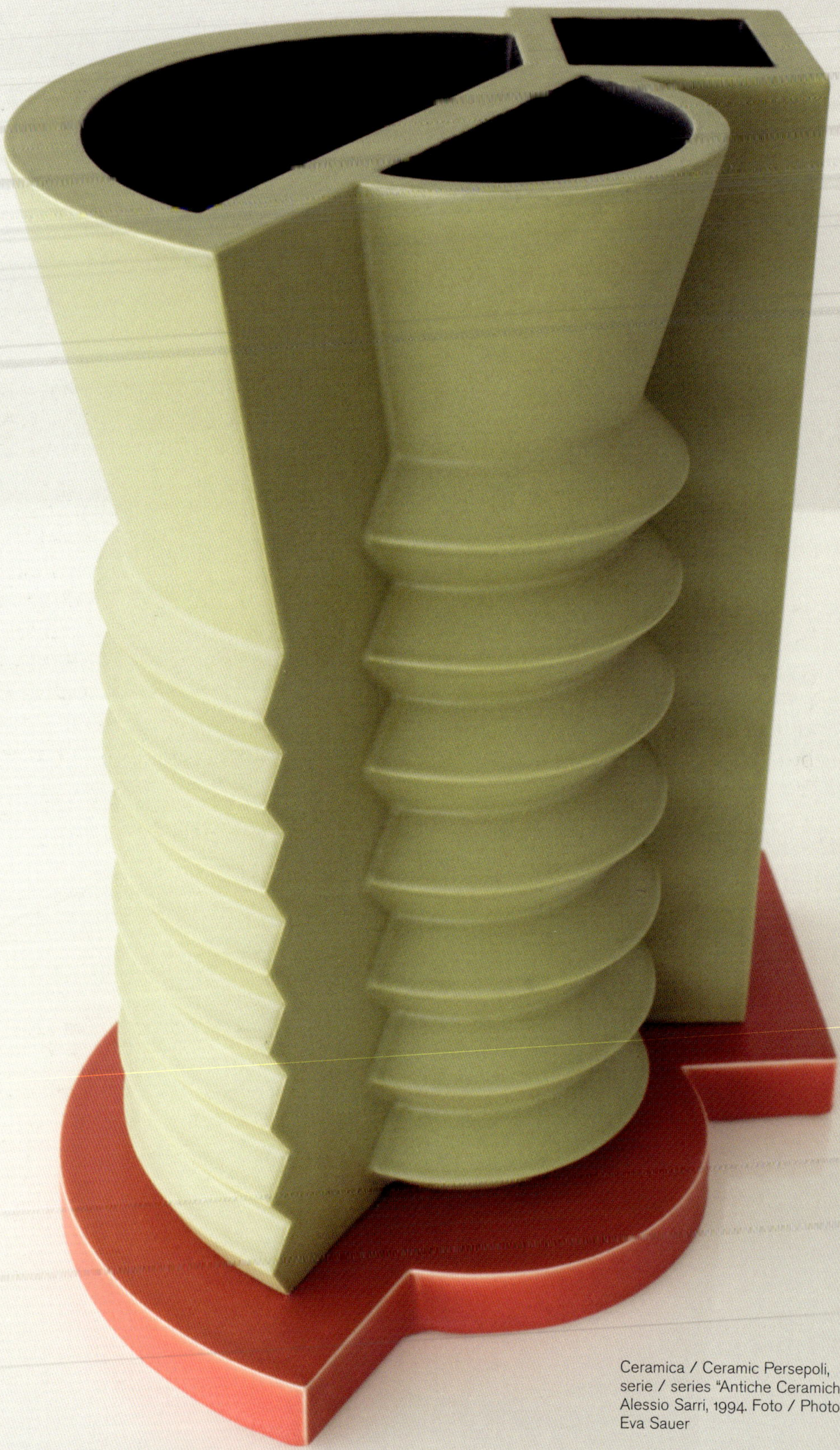

Ceramica / Ceramic Persepoli,
serie / series "Antiche Ceramiche",
Alessio Sarri, 1994. Foto / Photo
Eva Sauer

L'ultima volta credo sia stato quando sono usciti da un piccolo forno cinquanta piatti che avevo disegnato. Tutti colorati a mano. Li mettiamo dentro, non nel grande forno della Bitossi, in un piccolo forno. E il signor Londi era lì che li guardava. Quando apre il fornetto a momenti si suicida. Perché aveva sbagliato a segnare la temperatura. E questo sbaglio è stato quello che ha creato tra le più belle ceramiche che abbia mai fatto, perché tutti i colori, che erano colori più o meno normali, con la differenza di temperatura erano tutti un po' bruciacchiati: un rosso diventava un color cioccolata, un giallo diventava un colore strano, scuro. L'esperienza della ceramica è questa. Tu metti dentro una porticina cose che non sanno di niente, perché l'argilla è grigia e i colori sono assorbiti dall'argilla, per cui se tu volessi un rosso non ti verrebbe neanche a piangere. Dunque metti dentro queste cose che non sanno di niente, anche se c'è voluto molto tempo per farle, per tornirle, per lasciare asciugare l'argilla umida che di notte viene coperta perché non si crepi, poi apri questo forno e vedi queste cose intatte, bruciate dal fuoco. I colori sono vetro. È una apparizione magica! Un'altra volta, una domenica dimenticata, si è rotto tutto. L'ho scritto anche nel libro. È una cosa molto delicata, la ceramica. Questi ceramisti cinesi per esempio mettevano le argille nel forno e il forno era riscaldato, non certo come adesso dalla luce elettrica o dal petrolio ma dal legno e sceglievano alcuni legni piuttosto di altri, per ottenere colori speciali. Non solo. Mentre la ceramica era dentro portavano foglie di erbe speciali per cui il solo fumo dava sfumature agli smalti. Quindi si capisce che ci vuole grande sapienza e rispetto della vita. Bisogna trattare bene quello che stai facendo, trattare profondamente bene quello che stai facendo.

Pottery

In one of your writings you talk about the importance pottery had once, when a sultan used to give twenty pieces of pottery as special gift to another important person. This sounds almost ridiculous today.

The pottery about which you are speaking was almost china. It was a special celadon, a special colour, a very odd olive green they made in China for the emperor's house. When the emperor gave a dinner, he received some special services made in workshops paid by himself. The same happened until few years ago in France. In Sèvres, for example, there was a department assigned to producing china for banquets. This china was baked in special plants. Today no emperor would give celadons as a gift to a colleague. Now they usually give swords, small atomic bombs and the like.

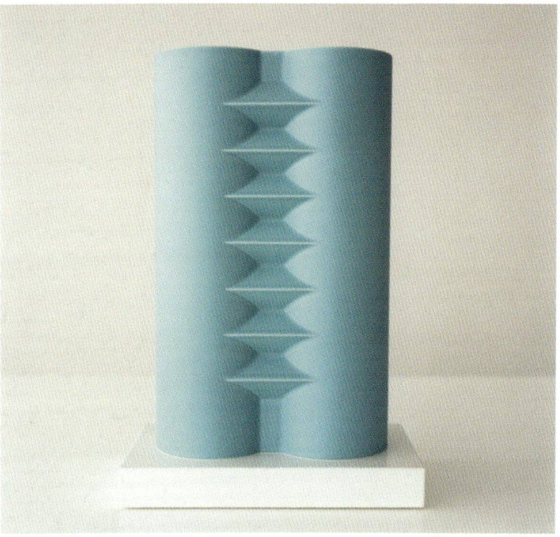

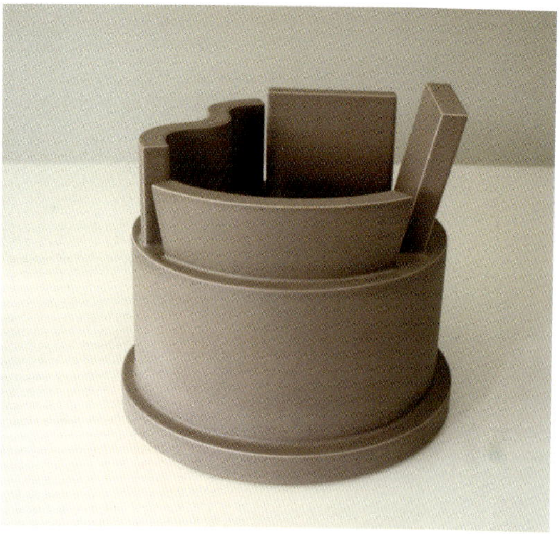

Ceramiche / Ceramics Angkor, Gerico, Isfahan, Mari, Ninive, Samarra, serie / series "Antiche Ceramiche", Alessio Sarri, 1994

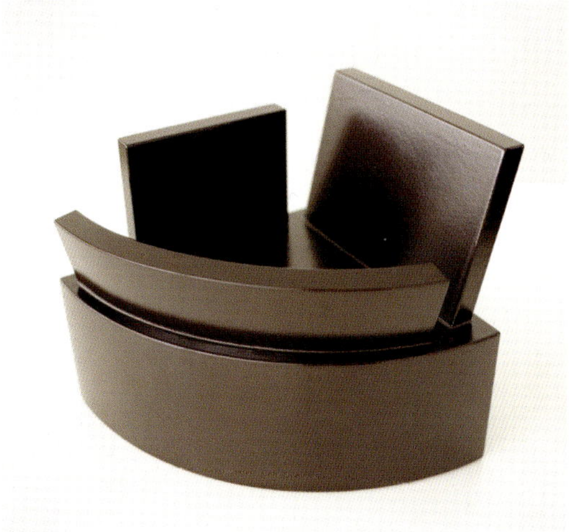

Ceramiche / Ceramics Susa, Babilonia, Ghiraz, Kerman, Nain, Ur, serie / series "Antiche Ceramiche", Alessio Sarri, 1994

Can you think of something of the same technical quality today?

Absolutely not. There are wonderful Persian pieces of pottery, Persian calligraphy alone was very beautiful. What I mean is that behind these productions, behind these inventions there are centuries of culture. Not like today. Political life in those centuries was very connected to a cultural tradition. It was also connected to an idea of beauty and preciousness. Today the only preciousness I can see is that of having a 30-metre-long yacht, with three of four whores aboard and that is all. The Eastern world is full of cultural traditions, of wisdom, of expressive capacity and of deep interest in these topics. I will give you another example. Chinese pottery has a century-long history behind what we know and see in museums. Now our culture is different and it is fine. But if we talk about ancient cultures, this is their history. Another example. When I went to Persia with Barbara, I was particularly struck by what I saw on a Saturday afternoon, when everybody goes shopping here. Near Shiraz we saw a small mausoleum full of youngsters. It was Hafez's mausoleum. Hafez is for Persian, and for us too, a great poet. Students there touched and caressed his grave. Two students were reading poetry to each other. Can you imagine this in Milan? As I said before, Arabic pottery in general has beautiful writings that are Koran verses. They are about religion. In the same way, our Renaissance painting was about religion and I believe it had to do with sacredness more than with religiousness. It had to do with imagining objects as something wonderful to achieve.

The goal of this handiwork was to achieve a certain quality to last in time.

Objects had to last in time but not only. They were also conceived to help one's life. Not in the same way as dishwashers, I mean. They had to help one's life in another sense.

When one has a certain intimacy with an object, he may even cry at its touch. When were you last moved handling a piece of pottery?

I think the last time was when fifty plates I had designed were baked. They were all hand-painted. We put them into a small oven, not a big Bitossi one. Mister Londi was there, staring at them. When he opened the oven he almost fainted. He had selected the wrong temperature. Thanks to this mistake I made the most beautiful pottery of my career. The more or less normal colours I had used came out somewhat burnt. A red became chocolate-brownish, a yellow became an odd dark colour. This is pottery in my experience. You put ugly objects into a little door. Clay is grey and colours are absorbed by it, hence you will never see it red or yellow, even though this is the colour you have used to

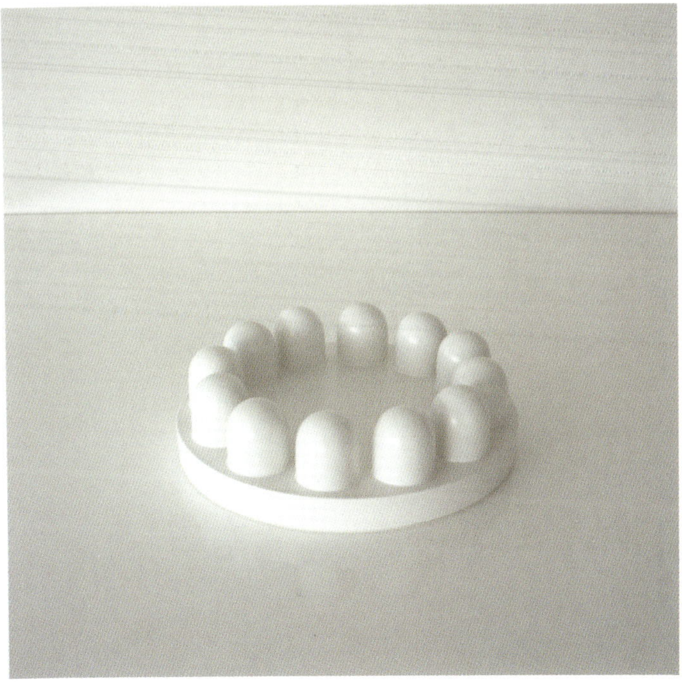

Portafrutta / Fruit bowl Sugar,
serie / series "Indian Memory",
1972, Alessio Sarri, 1987

Teiera / Teapot Cardamon,
serie / series "Indian Memory",
1972, Alessio Sarri, 1987

paint it. You have spent a long time making the objects, to let the clay dry, to make sure it does not crack during the night… But when you put them into the little door it seems just a waste of time. And then, when you open the door, the objects are the same, but the colours are like glass. It's magic! Once, on a Sunday morning, it all broke down. I have also written this in my book. Pottery is very delicate. Chinese artists, for example, used wood-heated ovens. The wood used was carefully chosen, as different kinds of wood had different effects on the colours. Not only. While the pottery was baking they put leaves of special herbs in the oven, and their smoke created different nuances. To make pottery you need great knowledge and respect for life. You need to take care of what you are doing. Great care.

Teiera / Teapot Lapislazzuli,
serie / series "Indian Memory",
1972, Alessio Sarri, 1987

Vetro

C'è un bellissimo testo che lei ha scritto a proposito della soffiatura del vetro, della magia che si prova a vedere delle persone in scarpe da ginnastica che dalla brutalità del fuoco, dallo sporco, ricavano degli oggetti eccezionali. Lei questa cosa l'ha vissuta. Cosa vuol dire, per lei, disegnare e veder realizzare un vetro?

Prima di tutto un vetro è fatto da due persone: uno

180 Vaso / Vase Bum-paz,
serie / series "Capricci", Galleria
Marina Barovier, 1998.
Foto / Photo Francesco Barasciutti

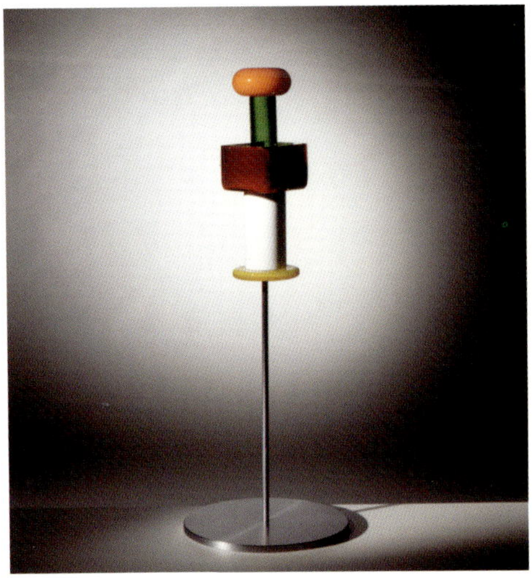

Vasi / Vases Phud-phor e / and
Dbang-bum, Tshe-dbang, Sgo-nga
2, serie / series "Capricci",
Galleria Marina Barovier, 1998.
Foto / Photo Francesco Barasciutti

che lo disegna e l'altro che lo fa. E quindi la qualità del vetro alla fine è anche merito dei maestri. Il vetro è un materiale pazzesco, molto misterioso, trasparente, fragile. È una qualità essere fragile. Il vetro ha colori che ricevono la luce e la trasmettono. Si può tenere insieme con legamenti o incollandolo a caldo. Dietro il vetro c'è, inutile che lo dica, un universo di esperienze secolari. Mi ricordo che in occasione di una delle prime Triennali, dopo la guerra, mi hanno chiesto di fare un vetro e mi ricordo che allora facevano delle palle con disegno scozzese, c'erano cioè righe chiare e righe scure che si intrecciavano. È stata la mia prima esperienza di questa attività. Mi viene anche in mente che il vetro, come la ceramica del resto, ha un'altra qualità strana: il vetro entra nel fuoco e non si sa cosa va dentro. Poi di colpo esce un oggetto puro perché bruciato dal fuoco, un oggetto di una purezza totale, di una intangibilità fisica totale. Come una visione. Può diventare una visione. Si è veramente coinvolti in questo processo del vetro. Il vetro è uno spettacolo. Ultimamente, nell'ultima mostra in Belgio c'erano venti vetri molto grandi e tutti erano sorpresi. Perché, effettivamente, se esci fuori dal tran-tran dei vasetti normali ed entri a toccare il vetro un po' più a fondo e a usarlo per quello che può essere usato, puoi fare cose spettacolari. Quello che mi importa dire è che c'è il maestro di mezzo e il maestro è quello che alla fine fa il vetro e io a volte neanche lo conosco. Però è un personaggio molto appassionato, secondo me. Questi ultimi, per esempio, non credevo sarebbero stati capaci di realizzarli. Nessuno. Invece, miracolosamente, li hanno fatti e adesso i vetri ci sono.

Nel momento in cui si prova a disegnare un vetro, come ci si sente a sapere che si sta disegnando un oggetto che solamente poche persone nel mondo sono in grado di realizzare?

Ci si sente bene, perché è sempre interessante affrontare segreti. È molto bello lavorare in due o tre, anche se non si conoscono. C'è sempre maggior sorpresa, in un certo senso.

Lei ha sempre detto che è molto curioso e la curiosità è una cosa molto importante. Che cosa si ricorda dell'emozione che ha provato la prima volta che ha disegnato un vetro e poi è andato in fornace a Venezia per vederlo fare?

Le prime cose le ho fatte con Venini, credo. Andavo lì e c'erano tutti questi che soffiavano con le scarpe da tennis. Era tutto silenzioso. C'era questa specie di attesa della meraviglia e poi vere squadre di maestri: uno soffiava il vetro, un altro arrivava con il pezzo di vetro quasi liquido e lo attaccava. Ci possono essere anche tre maestri a lavorare insieme per un vetro. Insomma un lavoro fantastico. Perché non potevo capire che cosa sarebbero diventati i vetri partendo dall'idea che avevo in testa. C'è sempre un passaggio tra il disegno e l'esecuzione. Anche un mobi-

Vasi / Vases Alioth, Alcor,
Memphis, 1983. Foto / Photo
Eugenio Bersani. Milano,
Collezione / Collection Antonello

Teiera / Teapot Vistosi, 1977.
Foto / Photo Vittorio Pavan.
Collezione / Collection Lauretta Vistosi

le può essere fatto da un falegname che capisce dove vuoi arrivare oppure da uno più rozzo che sbaglia le venature, sbaglia le colle. Questo passaggio tra il progetto e l'esecutivo è sempre un passaggio sorprendente, un passaggio pericoloso. Se non hai qualcuno che ti dà una mano, puoi rovinare tutto.

Nel suo lavoro, lo si può vedere chiaramente, c'è un'evoluzione. Ma le prime volte che le chiedevano di fare un vaso, lei se lo immaginava con i fiori dentro?

Dipende. Alcuni di questi oggetti sono vasi ma potrebbero essere lampadari. Non nascono per essere vasi. Anzi, credo che nessuno metterà mai un fiore lì dentro. E poi c'è un problema: il rapporto con il fioraio. Certamente ho sempre pensato che i fiori in vaso siano un'opera d'arte, se si sanno mettere. Altrimenti sono soltanto fiori. Per esempio, come sapete, in Giappone certe volte basta un vasetto orizzontale con del piombo per tenere su un fiore. Una volta ho litigato con un amico che voleva gli disegnassi dei vasi e io gli ho disegnato vasi normali. Ma lui, che è tutto grosso, voleva che gli disegnassi vasi grandi. Io gli ho detto: "Guarda che non voglio mazzi di fiori grandi". Il mazzo da fiori gigante è una tradizione del Settecento francese, credo, ma a tutti gli orientali basta un fiore, bastano due fiori e allora ecco che il sostegno dei fiori cambia.

Glass

You have written a beautiful text on glass blowing, on the magic of seeing people in trainers making wonderful objects out of fire and dirt's brutality. You have experienced all this. What does it mean to you to design glass objects and to see them carried out?

First of all I should say that in glass-making there are two people. One does the design and the other carries it out. Final glass quality is therefore also determined by masters. Glass is a tremendous material. It is mysterious, transparent, fragile. Glass's colours receive light and transmit it. Behind glass-making there are century-long experiences. I remember during the first Milan Triennale, after the Second World War, I was asked to make a glass. At that time glasses were ball-shaped with tartan patterns, that is, bright and dark lines crossing each other. This was my first experience in the field. Like pottery, glass has a peculiarity. Glass goes into fire in certain shapes. What comes out is something totally purified by fire. It is a vision. It can become a vision. One is totally involved in this process. It is wonderful. In the last exhibition in Belgium there were twenty very big glasses. Everybody was surprised. If you go beyond common glass jars

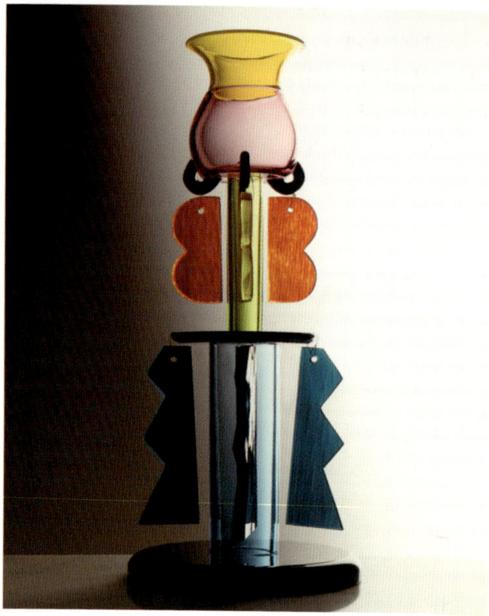

Vasi / Vases Upupa, Civetta, serie / series "Short Stories", 2003. Foto / Photo Riccardo Bianchi. Collezione / Collection Stefania Campatelli

Vasi / Vases Arianna e / and Fililla, Clesitera, Memphis, 1986. Foto / Photo Santi Caleca

and consider glass somewhat more deeply and use it in every possible way, you can do something fabulous. What I want to say is that it is all a question of masters. Masters are the ones who make glass and sometimes I do not even know them. I believe they really love their job. I did not think they would ever be able to make these big glasses. Not even one glass. Instead, they have managed, and here they are.

How do you feel when you design a glass that only few people in the world could make?

It is a nice sensation because it is nice to face secrets. It is nice to work in two or three, even if we do not know one another. The surprise is greater, in a way.

You have always said that you are very curious and that curiosity is very important. What do you remember about the first time you designed a glass and went to Venice to see when it was being carried out?

First I worked with Venini, I think. I went there and I saw these guys wearing trainers and blowing glass. It was all silent. There was suspense. There were many masters. One of them blew glass, another stuck an almost liquid piece of glass to another. Up to three masters can work together on a glass. It is a fantastic job. Starting from my idea I could not tell how a glass would turn out. There was always a gap between design and execution. The same is true for furniture. It can be made by a joiner who knows what you want or by someone who makes mistakes. To go from designing to producing is also surprising and dangerous at the same time. If you have no help you risk ruining everything.

We can clearly see that in your work there is evolution. When you were asked to make a vase at the beginning of your career, did you imagine flowers in it?

It depends. Some of these objects are vases, but they could be chandeliers as well. They are not born to be vases. On the contrary, I believe nobody will ever put a flower in it. Moreover there is a problem. The relation with the florist. I have always regarded well-done compositions of flowers as a works of art. Otherwise, they are just flowers. As you know, for example, in Japan sometimes a little horizontal vase with some lead to hold a flower is enough. Once I argued with a friend who wanted me to design some vases for him. I designed normal vases. He is very big and wanted me to design big vases. I said: "I do not want big bunches of flowers." Giant bunches of flowers was an 18th century French tradition, I think. One or two flowers are enough for Eastern people and vases change accordingly.

Vaso / Vase Yemen, Venini, 1994

Vaso / Vase Marito e moglie,
Venini 2003

Vasi / Vases Goburam, Nebulosa,
Venini. Collezione privata / Private
collection Delfabro

Oggetti

Alla fine per quanto riguarda gli oggetti, si progettano sempre due cose, non tante. Un contenitore oppure una mensola dove appoggiare delle cose. Mi viene in mente che la mensola all'inizio era forse l'unico oggetto che c'era e sulla mensola bisognava mettere qualche cosa, magari qualche cosa che si donava a un dio. I suoi oggetti secondo me sono così.

Un po' come un altare.

Mobili / Furniture "Superbox",
Poltronova, 1966

Mobili / Furniture "Superbox",
Poltronova, 1966

Infatti uso spesso la parola “sacro” perché sacro vuol dire portare la vita fuori dal caos e osservarla: come è fragile o come è solitaria o come non è solitaria. La vita è la vita. È fatta di tante emozioni, di tante aspettative, di tante delusioni. Quando si parla della vita non si parla solo di spaghetti. Io penso sempre che non si debba buttare via un mio oggetto. Quando lo disegno, metto sempre una base sotto un oggetto. Perché un oggetto, se ha una base, si stacca dallo spazio circostante e allora tu lo guardi, ti accorgi che c’è e così via. Non sono il solo a fare così. Tutte le sculture in genere si appoggiano su una base. Sono sempre stato interessato al peso delle cose. Le cose troppo leggere non mi tranquillizzano, diciamo così. Penso che il peso faccia parte dei momenti nei quali l’oggetto diventa un po’ sacro perché sta lì, non lo puoi ignorare, lo devi toccare con una certa attenzione, perché il peso spesso è fragile. I Greci facevano delle colonne e sopra mettevano un capitello che pesava più della colonna. Gli egiziani... non parliamo del peso degli egiziani, delle piramidi. Io sto bene lì dentro. Anche un altare è una base. Mettere su una base qualche cosa vuol dire separarlo dal caos circostante e assegnargli un luogo speciale dove tu ti metti in rapporto con lui.

Nei suoi oggetti pare che la funzione non sia immediatamente manifesta, sia più complessa. Sono sempre diversi da quello che ci si aspetta. Lei questo lo ha fatto volutamente. Come avrebbero dovuto reagire le persone di fronte a questi oggetti?

Gli oggetti che ho disegnato sono tutti “funzionali”, possono servire. La cosa importante è che chi se ne serve sappia servirsene. È come un’automobile: finché uno non la sa guidare non serve a niente. Ognuno ha diverse “funzioni” o necessità. Comunque. Magari un ragazzo deve mettere in un contenitore tutti i suoi rotoli, una signorina invece deve mettere i suoi libri. Non so bene. Non c’è una funzione generica. La funzione è la vita. Io non posso prevedere la funzione. Ho sempre disegnato mobili che secondo me sono molto funzionali. Ma bisogna capire a cosa servono.

Quali sono i suoi riferimenti formali?

Io non ho riferimenti in realtà. In tutto il mondo l’arredamento è diverso. Se vai in India ti siedi per terra, mangi con le mani, c’è una ciotola, eccetera. C’è quel riferimento lì. Ma di nuovo, vedi, non c’è un pre-funzionalismo. Ognuno si adatta a quelle che sono le condizioni, i condizionamenti del posto. In India io ho mangiato per terra con ciotole ed è stata una tra le più belle colazioni della mia vita. Perché la terra era nera, era un giorno di sole tremendo, io ero tutto contento di essere in una casa dove la terra era nera e le finestre piccolissime. La signora ha portato in una ciotola – non credo di argento ma sembrava di argento – una minestra di mango verde, di un verde pazzesco. Quale riferimento? Il mio riferimento sono questi casi, non so bene, queste possibilità. Per cui io penso che se hai deciso di fare un mobile rosso, ecco c'è un mobile rosso. Se non ti piace non lo usi e va bene lo stesso, ma non credo che siamo costretti tutta la vita a fare mobili di noce, grossi, pesanti, scolpiti. Che cosa ne so io? Io credo che la vita sia libera di muoversi. Anzi, caso mai, penso che nel fare quello che ho fatto, ho dato qualche suggerimento per muoversi. Come uno che per la prima volta mette una camicia verde e quell'altro che lo vede dice: "Me la metto anch'io una camicia di quel verde lì". Il riferimento poi, sai, viene da lontano. Viene dal fatto che ho viaggiato molto. Che mi sono liberato della tradizione mercantile occidentale, piccolo borghese occidentale. Sono un uomo a cui va bene tutto.

Nel cinema, dicono, ci sono due tipi di registi: quelli che quando utilizzano la macchina da presa guardano il cielo, per esempio Hitchcock, e quelli che guardano sempre per terra, come Ermanno Olmi. Azzardo una ipotesi: lei, come progettista, assomiglia a un regista che guarda per terra perché i suoi oggetti non si staccano mai troppo, rimangono sempre agganciati per terra?

A me piace molto l'idea di essere agganciato alla terra. Ho sempre detto che voglio essere agganciato alla vita. La vita è la terra. Che cos'è? Non il cielo! Il cielo è la morte. Almeno così penso io.

Objects

As for objects, one designs a couple of things only. A container or a shelf where to put something. I recall that perhaps shelves were initially the only object and on shelves one would put something, maybe a gift for a god. I think this is the spirit of your objects.

A bit like an altar. In fact, I often use the word "sacred," because sacred means to take life out of chaos and to observe it. To observe its fragility, its loneliness or not loneliness. Life is life. It is made of multiple emotions, hopes and disappointments. To talk about life is not just to talk about spaghetti. I always think one should not throw away my objects. When I design something, I always put a base underneath. If objects are on a base they are detached from the space around them. Hence you can look at them and realize that they exist. I am not the only one to do this. All sculptures in general have a base. I have always been interested in weight. I do not feel at ease with something

Libreria / Bookcase Adesso però,
collezione / collection "Rovine",
Design Gallery, Milano, 1992.
Foto / Photo Santi Caleca

Mobile / Furniture Carlton, Memphis, 1981. Foto / Photo Santi Caleca. Collezione privata / Private collection Delfabro

light. Weight makes objects sacred. They are there and you can not ignore them, you have to touch them with a certain care, because weight is often fragile. Greeks made columns and the capitals on them were heavier than the columns. Egyptians… Let us not talk about Egyptians, about pyramids. I feel good in them. Also altars have a base. To put something on a base means to detach it from the surrounding chaos and assign it a special position, where you get into a relation with it.

The function of your objects is not clear at a first glance. It is more complex. It is always different from what one expects. You have done this intentionally. How should people react before these objects?

All the objects I have designed are "functional." They can always be of use. What matters is that the one who uses them must be able to use them. If you cannot drive a car it is useless to you. Everyone has different "functions" or necessities. Anyway. Maybe a young man wants to put all his rolls in a container, whereas a young woman wants to put all her books there. I don't know. There is no generic function. Function is life. I cannot foresee function. The furniture I have designed has always been functional. However, one needs to know what it is for.

What are your formal references?

Actually I have no references. Furnishing differs across the world. In India you sit down on the floor, you eat with your hands, there is a bowl and so on. That is the reference. Again, however, there is no pre-functionalism. Everybody has to adapt to local conditions and conditioning. In India I have eaten on the floor out of bowls. It was one of the best breakfasts of my life. The ground was black, it was a very sunny day. I was truly happy to be in a house where the ground was black and the windows were very small. The landlady brought a green mango soup in a bowl. The soup's green was wonderful. I do not think it was a silver bowl, though it seemed so. What reference? My reference is these cases, I mean, these possibilities. Therefore I think that if you have decided to make a red piece of furniture, there it is, a red piece of furniture. If you do not like it, all right, you will not use it. I think we are not forced to make elaborated, heavy, thick, walnut furniture all through life. I don't know. I think life is free to act. Perhaps I think that in doing what I have done I have given some hints on how to act. It is just like when someone puts on a green shirt for the first time and another one seeing him thinks: "I will put on a green shirt too." The reference comes from far away. It comes from my many journeys. I have freed myself from Western mercantile tradition, from the Western middle-class tradition. Everything is fine to me.

They say there are two kinds of film directors. Some of them always look at the sky, like Hitchcock, others always look at the ground, like Ermanno Olmi. Could we say that, as a designer, you always look at the ground because your objects are always linked to the ground and are never too far away from it?

I like the idea to be linked to the ground very much. I have always said that I want to be linked to life. Life is the ground. What else? It is not the sky. The sky is death. At least, this is what I think.

Specchio / Mirror Ultrafragola, serie / series "Mobili Grigi", Poltronova, 1970. Foto / Photo Archivio Poltronova

Sedia / Chair Malatesta, serie / series "Mobili Grigi", Poltronova, 1970. Archivio Poltronova

Letto / Bed Architettura romantica, edizione / edition Galleria Clio Calvi Rudy Volpi, Milano 2004

Scrittoio / Desk Foresta, Galleria Clio Calvi Rudy Volpi, Milano 2002

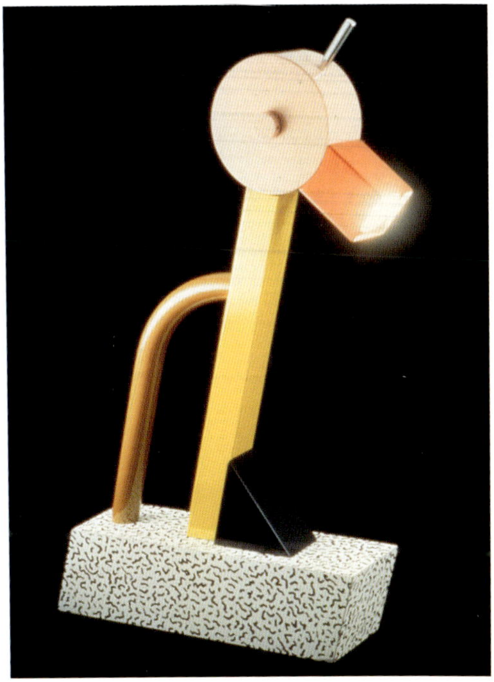

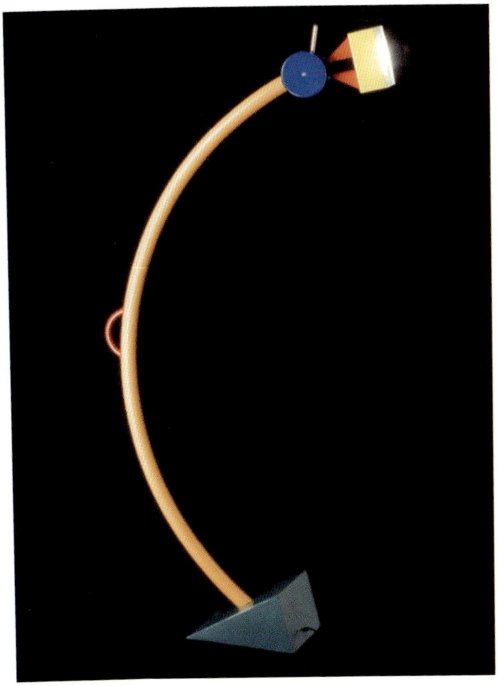

Mobile / Furniture Casablanca, Memphis, 1981. Foto / Photo Aldo Ballo

Lampada / Lamp Treetoops, Memphis, 1981

Lampada / Lamp Tahiti, Memphis, 1981

Mobile / Furniture Beverly, Memphis, 1981. Foto / Photo Aldo Ballo

Ornamenti

Nel progettare una sedia si sa che deve servire per sedersi. Così come una libreria deve contenere libri. Ma per i gioielli si entra nel campo della vanità e della bellezza. Come si fa a progettare gioielli?

Intanto io non li chiamo gioielli, ma ornamenti. In Africa tutte le donne hanno ornamenti. In Asia le donne hanno ornamenti. Chi li ha lunghi, chi li ha corti, chi li ha piccoli, chi li ha grandi. Io ho disegnato ornamenti

Anello / Ring Oro Corallo, Cleto Munari, 2002. Galleria Daniele, Padova

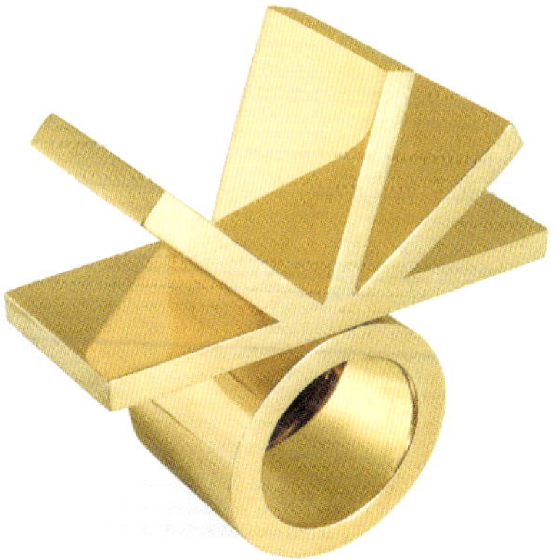

Anello / Ring Oro, Cleto Munari, 2002. Galleria Daniele, Padova

Orecchino / Earring Oro Ebano, Cleto Munari, 2002. Galleria Daniele, Padova

Anello / Ring Oro Ebano, Cleto Munari, 2002. Galleria Daniele, Padova

d'oro per la mia prima moglie Fernanda Pivano. Sapevo per chi li disegnavo e li ho disegnati in un certo modo. Poi ho disegnato per Cleto Munari. Non ho pensato ai gioielli della contessa di Ferrara. Ho pensato che li portassero ragazzine qualunque. Sono d'oro ma, per esempio, non ci sono mai diamanti o pietre troppo preziose. È come comprarsi un orologio o attaccarsi dei bottoni alla giacca. Non è una cosa molto speciale… mi sembra. Anche il bello sarebbe da definire. Per me il bello è una convenzione che nasce dentro a gruppi sociali, gruppi di persone, gruppi religiosi o che so io. Io sono sempre stato dentro la convenzione di una certa cultura occidentale del design, a partire dal Bauhaus, da Le Corbusier. Ho lavorato sempre dentro quell'ambito, anche facendo cose sempre un po' diverse, anche molto diverse… Insomma non so dove è il bello. Non si sa.

I suoi ornamenti sono sempre molto geometrici, molto spigolosi

Può darsi. Perché li disegno per una ipotetica donna spigolosa. A me non piacciono le donne tutte grassottelle, tonde. È una frase cretina dire "mi piacciono" o "non mi piacciono". Voglio dire sto meglio con una donna magra, possibilmente eritrea, quelle lì che non mangiano mai. Ho modelli ipotetici per quello che posso disegnare per una ipotetica donna. Siccome sono anche un architetto è chiaro che nel mio disegno non ci sono tante curve.

I gioielli che ha disegnato li ha pensati solo per donne o anche per uomini?

Io, devo dire, li ho pensati solo per le donne. Io non riesco a pensarmi con un gioiello addosso. Come vede su di me non ce n'è neanche l'ombra.

Ornaments

When you design a chair, you know that its purpose is to sit down. You know that bookcases are for books. Jewels, on the contrary, have to do with vanity and beauty. How do you design jewels?

First of all, I do not call them "jewels." I call them "ornaments." In Africa all women wear ornaments. They may be long or short, big or small. I designed golden ornaments for my first wife, Fernanda Pivano. I knew for whom I was designing them, so I designed them in a certain way. Later on I did some designs for Cleto Munari. I was not thinking of a noblewoman's jewels. I was thinking of common girls wearing them. Even though they are made of gold there are never diamonds or very precious stones. It is something like buying a new watch or sewing a button on a jacket. Nothing special I believe… Besides, we should define beauty first. I think beauty is a convention among social groups, groups of people, religious groups and so on. I have always been within the conventions of a certain Western culture of design starting from the Bauhaus and Le Corbusier. I have always worked within it, even if doing something different or maybe very different. I mean, I do not know where beauty lies. Nobody knows.

Your ornaments are always very geometrical, full of edges.

It may be. This is because I design them for a hypothetical angular woman. I do not like round and plump women. It is silly to say "I like them" or "I do not like them." I get on better with a slim woman, maybe from Eritrea, one of those ones who never eat. I have some hypothetical models which I can draw for a hypothetical woman. Since I am also an architect I clearly do not use many curves in my drawings.

Are your jewels designed only for women or also for men?

I must say I have conceived them only for women. I cannot think of myself wearing a jewel. As you can see I do not wear any.

Architettura

La cosa che forse le piace di più è progettare architettura per le persone.

Sì, è così. Mio padre era architetto, come ho detto tante volte, e lavorava a casa. Non era uno di quegli architetti che hanno trecento impiegati. Era quello che io chiamo un architetto-artigiano e lavorava a casa con mia madre che di notte cancellava le cose sbagliate. Quindi da piccolissimo io ero circondato da carte da

Wolf House, Colorado, 1986-1990.
Foto / Photo Santi Caleca

Olabuenaga House, Maui, 1989-1997. Foto / Photo Grey Crawford

architetto. Allora non erano quelle del computer. Erano carte trasparenti, si disegnava con l'inchiostro di china e se avevi sbagliato stavi lì a cancellare. Insomma ho vissuto molto romanticamente la presenza dell'architettura, gli odori delle carte, delle gomme. Nella leggenda dicono che mio padre quando sono nato mi ha messo in mano una matita perché voleva assolutamente che diventassi architetto. Così è andata. Però questo fare dell'architetto artigiano mi è rimasto addosso. Non ho mai pensato di avere un grande studio di architettura e non ho mai pensato di fare costruzioni grandi, architetture monumentali o cose del genere. Quando ero piccolo, mio padre lavorava in Trentino a riparare le case contadine distrutte dalla Prima guerra mondiale. Per me la dimensione della casa è sempre stata quella della casa intima. E di questa idea della modestia non mi sono mai liberato. In quegli anni lontani poi il Trentino sentiva ancora l'influenza austriaca e anche la cultura austriaca, malgrado tutto, aveva una dimensione intimista.

Lei spesso scrive di quello che è veramente importante nell'architettura. Facendo un'analisi dell'architettura popolare che spesso viene fatta anche solo da piccoli gesti, con rami, con fiori, può raccontarci che cosa rappresenta per lei l'architettura?

Per me l'architettura è il disegno di uno spazio che si abita, non che si guarda. Si guarda anche, ma fondamentalmente è il disegno di uno spazio da abitare. Quell'altra è un monumento. Quell'altra è un edificio pubblico che a me può interessare, ma può anche non interessare affatto. Sono vissuto in questa cultura dell'intimismo, in un certo senso. Se tu dai come definizione di architettura il disegno di un luogo che si abita, cambiano molte cose. Qualche anno fa ho fatto una mostra di disegni di architettura "attenuata", perché una volta ho visto una pianta grassa che si chiamava non mi ricordo più come e poi aveva questo aggettivo "attenuata". Mi piaceva moltissimo. Perché questa vita attenuata era quello a cui sono stato abituato da piccolo. E poi, dato che tutto era attenuato, sono passato anche agli oggetti, perché i luoghi da abitare sono pieni di oggetti e anche gli oggetti non sono oggetti pensati per l'industria. Decisamente non sono oggetti pensati per l'industria. Piuttosto sono pensati per un artigianato illuminato che non produce né le torri di Pisa da vendere a Pisa, né cose di questo genere. Penso a un artigianato che aiuti a vivere... come la casa. I cinesi per esempio hanno questa loro tecnica per disegnare le case per cui seguono i venti, seguono gli orientamenti, seguono le strade, seguono gli alberi che ci sono. Perché una volta che tu sei lì, dentro la casa, hai tutte queste cose intorno e sei, come dire, sollevato e aiutato dalla presenza di tutte queste cose. Io non so fin dove gran parte delle cosiddette architetture moderne seguano questi principi, questa attenzione verso chi abita, anche solo verso chi passa, certe volte.

Lei ha scritto molte volte che disegnare un edificio o una casa è molto simile a realizzare il disegno di un tempio, perché ci si rapporta con la dimensione dei riti.

Sì, si può dire, infatti. Le parole sono un po' grosse, però. Io parlo spesso di sacralità. Ma sacralità non nel senso di sacro, religioso. Nel senso che la vita è sacra di per sé. Quando leggo i giornali, vedo ogni giorno morti e ammazzati. Mi viene da piangere perché non capisco come sia possibile disprezzare la vita in questo modo. Disprezzare quel tanto di mistero, quel tanto di possibilità che c'è nella vita. Ci sposiamo, ci innamoriamo. La vita ci interessa molto. Per questo sono sempre molto spaventato dal disprezzo per la vita che si vede in giro in questo momento. In tutti i sensi. Anche nel design. Uno compera un oggetto e sa già che lo butterà via dopo mezz'ora. Quell'oggetto perde contatto con la vita e chi lo usa perde contatto con la vita. Dico sempre che se bevi un bicchiere d'acqua lungo l'autostrada in un bicchiere di plastica, lo bevi e butti via il bicchiere. È diverso se ti offro un bicchiere d'acqua in un bicchiere di cristallo.

È vero che quando le chiedono di realizzare una casa, lei, per cercare di investigare questa dimensione del rito, cerca di scoprire il più possibile del committente? Scavando anche nel privato?

Naturalmente. La casa si disegna per chi la abita. Devo sapere chi la abiterà. Se farà dei grandi party, starà solo o se litigherà con la moglie. Insomma devo sapere chi abiterà questi spazi che sono le stanze e poi alla fine l'architettura intera. Devo conoscere gli arrivi, gli abbandoni. Ne esce un'architettura un po' più sofisticata di quello che, mi sembra, in questo momento spesso si pensa dell'architettura. Oggi si pensa molto all'architettura come monumento. Forse per dimostrare la propria potenza tecnologica. Per esempio alcuni ponti potrebbero essere bei ponticelli dove andiamo su, guardiamo giù e sputiamo. Invece sono disegnati in modo che uno finisce con il dire: "Qui io non sono niente di fronte a questo ponte".

Architecture

What you probably like most is to design architecture for the people.

Yes, you are right. As I have said many times, my father was an architect and worked at home. He was not one of those architects who work with hun-

Disegno / Drawing *Casa tunisina 1*,
Ettore Sottsass

Disegno / Drawing *Casa tunisina 2*,
Ettore Sottsass

dreds of employees. He was what I call an artisan-architect and worked at home with my mother, who used to delete his mistakes at night. I have grown up surrounded by architecture papers. At that time there was no computer. There were transparent sheets and Indian ink. If you made a mistake you had to spend time deleting it. I had a romantic feeling about architecture, about the smell of papers and erasers. According to the legend, when I was born my father put a pencil in my hand because all that he wanted was that I become an architect. It is true, and this idea of artisan-architect has always been in my mind. I have never dreamt of having a big studio and I have never planned to make big buildings, monumental architecture and so on. When I was a child, my father worked in the Trentino region of Italy to repair peasant houses destroyed by First World War. My idea of home has always been associated with intimacy. The idea of modesty has never left my mind. Furthermore, in those years the Trentino region still felt the influence of Austrian culture which, after all, had an intimate dimension.

You often write about what really matters in architecture. Analyzing popular architecture which is often simple and uses just tree branches and flowers, could you tell us what architecture means to you.

For me architecture is to design a space to live in, not to look at. Yes, you look at it too, but it is basically a space to live in. Monuments are to look at. Public buildings may be to look at. I have been living in a culture of intimacy, in a way. Many things change if you define architecture as a space to live in. Some years ago I did an "attenuata" exhibition of drawings because once I saw a succulent plant that had this adjective "attenuata" in its name. I just loved it, because this "attenuata," attenuated life is what I have been always used to. I adopted this attenuated mode also for my objects, because places to live in are full of objects and objects are not conceived for industry. They are definitely not conceived for the industry. Rather, they are conceived for an enlightened handicraft which does not produce Towers of Pisa for Pisa and things like that. I am thinking of a handicraft which helps to live... like a house. The Chinese, for example, have their own technique of designing houses following the winds, cardinal points, streets and trees nearby. When you are at home all these things are around you and you are relieved and helped by them. I wonder to what extent most of the so-called modern architectures follow these principles. To what extent they take care of who lives therein or sometimes even just passes by.

Many times you have written that to design a building or a house is like designing a temple, because one has to deal with rites.

Modellini di architettura in marmo policromo / Achitectural model in polychromatic marble, ultima edizione / last edition, 1989-2005. Foto / Photo Fabrizio Giraldi. Collezione / Collection Egidio Di Rosa

Jasmine Hill, Singapore, 1996-2000. Ettore Sottsass con / with Johanna Grawunder. Foto / Photo Benjamin Yu

Yes in a way. I would not use these words, however. I often talk about sacredness. Not in the sense of sacred, of religious. In the sense that life is sacred for itself. Reading newspapers, I see people die everyday. I am deeply affected as I do not understand how life can be so despised. How can somebody despise the mystery and the possibilities of life so much? We get married, we fall in love. We are interested in life. That is why I have always been scared of how life is disregarded nowadays in every sense. Even as far as design is concerned. One buys something knowing that after half an hour he will throw it away. That object will lose contact with life. Its user will lose contact with life. I always say that if you drink some water out of a plastic glass on the motorway, after drinking you throw the glass away. It is different if I offer you some water in a crystal glass.

Is it true that when you are asked to design a house you try to investigate this ritual dimension trying to find out as much as possible about the purchaser? Even digging into his private life?

Naturally. Houses are designed for those who will live there. I must know who will live there. If he is going to give big parties, if he is going to stay alone or to quarrel with his wife. I have to know who will live in those rooms and in the whole architecture. I must know about arrivals and departures. The result is a more sophisticated architecture as compared to what, as far as I can see, is currently regarded as architecture. Today we tend to think of architecture as a monument. The reason might be that we want to demonstrate our technological power. For example, some bridges might be simple little bridges where we go, look down and spit, whereas they are often designed in such a way that we think: "Here I am nothing compared to this bridge."

Fotografia

In un testo lei ha scritto: "Essenzialmente io faccio fotografie perché sono curioso e l'occhio umano e la mente non sono così affidabili mentre la fotografia, credendoci, può essere più sicura. La fotografia permette di fissare le cose". Questa curiosità le ha creato anche dei problemi? Per esempio sappiamo che in Egitto o in Yugoslavia l'hanno fermata.

In Croazia, nella Yugoslavia di allora, ho fotografato

Donne, India, 1961. Foto di / Photo by Ettore Sottsass. Fondazione Benetton Studi Ricerche

Bob Dylan, Berkeley, 1965.
Foto di / Photo by Ettore Sottsass.
Fondazione Benetton Studi
Ricerche

alcune sedie rotte e naturalmente i nazionalisti si sono subito sentiti offesi. Ma mi è capitato molto peggio: in una nazione orientale mi sono venuti intorno dei giovanotti arrabbiatissimi perché pensavano che fossi un giornalista occidentale che voleva pubblicare qualcosa di brutto su di loro. Perché io non fotografo il monumento. In Egitto mi ha portato dentro la polizia perché avevo fotografato una vecchia finestra e loro pensavano che io volessi denigrare la loro architettura. Quando hanno visto che avevo il passaporto con su scritto architetto, mi hanno chiesto: "Che cosa vuol dire architetto?" Perché non avevano neanche l'idea di che cosa fosse un architetto. Costruiscono ancora con i capomastri. Un'altra volta a Marsiglia fotografavo un negozio con un cartello di barbiere e una scritta un po' buffa. Arrivano due, mi brancano, mi prendono la macchina fotografia e mi portano in una stanza dove c'era un signore grasso, seduto, che mi guarda e dice: "Lei che cosa fotografa?" Anche lì gli ho detto: "Guardi che sono architetto. Mi interessano le forme in generale". Ma mi è venuto paura perché i marsigliesi arabi non erano tanto gentili. E allora lui mi ha detto: "Va bene. Sa perché eravamo agitati? Vede quel signore? Ha una moglie ma era nel negozio con un'amante e credevamo che lei facesse una fotografia...".

Perché, da sempre, le piace portarsi una macchina fotografica appresso? A che cosa le serve la fotografia?

Uno viaggia, vede cose e passa via. O le fotografa. Se c'è qualcosa che a me interessa portare a casa, ricordare, lo devo fotografare. Persino se faccio un modello qui, io lo fotografo, perché se non lo fotografo non esiste più così come se non le fotografo non esistono più la cose che ho visto. Voi avete fatto tanti viaggi. Se vi chiedessi di un angolo di strada, anche di Trieste, non lo sapreste raccontare. La fotografia è un aiuto per ricordare. Per me. Poi, naturalmente, con una macchina fotografica uno comincia a capire che deve fare una bella fotografia. Comincia a capire che deve saper usare quest'oggetto e allora impara, piano piano, che cos'è la fotografia.

Come dicevamo, Spazzapan le ha insegnato, tra le altre cose, che un giallo si può farlo a sessant'anni e non prima. Ci sono fotografi che sono stati per lei altrettanto importanti?

Ero molto amico di Helmut Newton. Mi ha fatto fotografie molto belle, Helmut Newton, di architetture. E lui detestava la fotografia di architettura perché ha sempre fatto fotografie di gente. Bestemmiava, ma mi voleva molto bene e allora stava lì. È venuto addirittura in Belgio per fotografare una casa che avevo costruito. Mi è molto dispiaciuto quando se ne è andato. Newton non era solo un fotografo. È chiaro che uno è molto interessato a fotografare i contadini o a fotografare i villaggi indiani e un altro è più interessato a fotografare le signore. Tutti sono un po' diversi.

E a lei, cosa interessa fotografare?

A me interessa fotografare gli oggetti di architettura. Mi interessano i ruderi perché sono la geografia della storia passata. Se guardate le mie fotografie, anche a Filicudi ho fotografato le rocce, quindi ruderi. Nel senso che sono momenti geologici che non ci sono più.

Henri Cartier-Bresson diceva: "Fotografare, per me, vuol dire mettere nella stessa linea lente, cuore, cervello e occhio".

Certo. Uno deve conoscere lo spazio, deve conoscere Cartesio, deve conoscere le stagioni, deve conoscere le facce della gente. Ora ci sono queste fotografie con il digitale che tutti fanno, bellissime fotografie digitali. Ma la gente non è che non sa che cosa è la fotografia, non sa cosa è la vita. Sembra a me. Per fotografare una bella ragazza bisogna prendere una decisione: bisogna decidere se una ragazza è bella o no, prima di fotografarla. Io, per esempio, non ho mai fatto fotografie di signore. Ho fatto fotografie di ragazze, simpatiche, magre, affamate, quasi di strada, che sono più belle di tutte le signore che ci sono al mondo. In India ho fotografato acrobati, ho fotografato disgraziati. Ne ho fotografate di tutti i colori. In Nepal ho fotografato quando bruciano i morti, che è impressionante, ma anche molto bello, devo dire. C'era per esempio questo torrente nero, scuro. Era il tramonto. Sul bordo c'era una pira, perché il fuoco non era un fuoco. Il legno bruciava adagio ma faceva fumo. C'erano i parenti seduti lì che aspettavano che lui andasse in cielo, questo fumo. Quindi una cosa molto commovente. Un'altra volta ho visto uno che veniva in bicicletta e aveva sul portapacchi un pacco di traverso e mi sono accorto solo alla fine che portava il cadavere di qualche suo parente a far bruciare. Voglio dire che la fotografia è anche pensiero, è anche osservazione del mondo. Non è soltanto fotografia, non finisce lì.

Ci sono alcune foto di una cena con Allen Ginsberg, Bob Dylan…

Ho conosciuto Bob Dylan a un concerto al teatro dell'università di San Francisco. C'era una popolazione pazzesca: tutte le tribù di giovani, chi con le piume, chi vestito da sera, chi mezzo nudo, era una roba incredibile e mi ha accompagnato Ginsberg. La cosa buffa era che Ginsberg era accompagnato dagli Hells Angels. Sai chi sono gli Hells Angels? Sono quei motociclisti che rompono i coglioni a tutto il mondo e loro facevano la guardia del corpo a

Ernest Hemingway, Venezia, 1954.
Foto di / Photo by Ettore Sottsass.
Fondazione Benetton Studi
Ricerche

Ezra Pound e Allen Ginsberg, Portofino, 1967. Foto di / Photo by Ettore Sottsass. Fondazione Benetton Studi Ricerche

Bar, Napoli, 1967. Foto di / Photo by Ettore Sottsass. Fondazione Benetton Studi Ricerche

Ginsberg perché non gli succedesse niente. Bob Dylan è stato fantastico perché era solo sul palco con la chitarra e l'armonica). Un'altra volta, a una cena, c'era Bob Dylan, c'erano Ferlinghetti e Ginsberg. E Bob Dylan ha detto a Ginsberg: "È quello lì chi è?" Perché io avevo la macchina fotografica e Ginsberg gli ha detto, come nei film: "È un amico". Quella volta era estate e avevamo sandali. Dopo questa cena siamo andati in un bar e il barista ha detto: "No, voi non potete entrare perché non avete le scarpe". E la cosa è stata pubblicata sul giornale il giorno dopo: che noi eravamo stati rifiutati perché non avevamo le scarpe. Insomma succedono sempre cose strane.

Photography

You have written: "I mainly take pictures because I am curious. Human eye and mind are not reliable, whereas photography, if you believe in it, can be safer. Photography allows you to fix images." Has this curiousness also caused problems to you? For example, we know you have been stopped.

In Croatia, once Yugoslavia, I took pictures of some broken chairs. Nationalists obviously felt offended. Something much worse happened to me. In an Eastern nation some furious young people came rushing round me thinking I was a Western reporter who wanted to publish something bad about them. This is because I do not photograph monuments. In Egypt I was arrested because I photographed an old window and they thought I wanted to denigrate their architecture. When they read "architect" on my passport they asked me "What does architect mean?" They had no idea of what an architect was. It is still masterbuilders who build there. Another time I was in Marseilles taking pictures at a barber shop with a funny sign and funny writing on it. Then two guys came, they chased me. They took my camera and led me to a room where a fat man was sitting. He looked at me and asked: "What do you think you are doing?" There again I said: "Look, I am an architect. I am interested in forms in general." Anyway, I was scared, because Arabic Marseillais were not very kind. Then he replied: "OK. Do you know why we were worried? Can you see that man? He is married, but he was in that shop with his lover and we thought you were taking a picture of them..."

Why have you always wanted to carry a camera with you? What do you need photography for?

One can travel, see something and go away. Or he can take a picture. If I made a model here and now I would photograph it, because if I do not

Empire State Building, New York, 1969. Foto di / Photo by Ettore Sottsass. Fondazione Benetton Studi Ricerche

Metafore: n. 2 Architettura virtuale,
Seu De Urgel, 1973

Metafore: n. 8 Scala per entrare in una casa molto ricca,
Balauger, 1974

photograph it, it does not exist any more. At the same time, if I do not photograph things I see, they do not exist any more. You have travelled a lot. If I asked you about a street corner, even in Trieste, you could not describe it. A photograph helps to remember. At least it helps me. Then, having a camera one starts to understand that he must take good pictures. One starts to understand that he must be able to use that object. Then one learns step by step what photography is.

As we said before, among other things Spazzapan taught you that a yellow can be made by artists no less than sixty years old. Has any photographer been as important to you?

I was a great friend of Helmut Newton's. He took beautiful architecture pictures for me, even though he hated architecture photography and loved to photograph people. He would curse, but since he was fond of me, he went on. Once he even came from Belgium to photograph a house I had built. I was very sad when he left. Newton was not just a photographer. Obviously one is more interested in photographing peasants or Indian villages, and another is more interested in photographing women. Each one is different.

What are you interested in photographing?

I like to photograph architecture. I like ruins because they are the geography of history. If you see my pictures also in Filicudi I photographed rocks, therefore ruins. They are geological moments that are now gone.

Henri Cartier-Bresson said: "To photograph is for me to put lens, heart, brain and eye on the same line."

Of course. One has to know the space, Cartesius, seasons, people's faces. Nowadays everybody uses digital devices. They make beautiful digital photographs. People who do not know what photography is do not know what life is, in my opinion. Before photographing a beautiful girl you must make a decision. You must decide whether that girl is beautiful or not. I have never photographed women. I have photographed girls. Nice, slim, hungry, street girls—who are much more beautiful than all the women in the world. In India I have photographed acrobats and down-and-outs. I have photographed all kinds of things. In Nepal I photographed burning the dead, which is shocking and beautiful at the same time. There was a dark, black stream. It was during sunset. On the edge there was a funeral pile, as the fire was not fire. The wood burned slowly but smoked. His relatives were sitting there, waiting for it to go to the sky, the smoke. It was really moving. Once I saw someone coming by bike and carrying something long. It was someone dead who was being taken to be burned. Photography is also thought and observation of the world. It is not just photography that is not where it ends.

There are some pictures of a dinner with Allen Ginsberg, Bob Dylan…

I met Bob Dylan at a concert at the University of San Francisco. There was a crazy population. All the tribes of young. Some of them wore feathers, others dressed in black, others were half-naked. It was incredible. Ginsberg came with me. What was funny is that Ginsberg came with the Hells Angels as well. Do you know who the Hells Angels are? They are those bikers who drive everybody crazy and that day they were Ginsberg's bodyguards. Bob Dylan did a wonderful performance as he was alone on the stage playing the guitar and the harmonica. Another time at a dinner there was Bob Dylan, Ferlinghetti and Ginsberg. Bob Dylan told Ginsberg: "Who is that guy?" I had a camera… Ginsberg replied as in the film: "A friend." It was summer and we were wearing sandals. After this happened we went to a bar and the barman said: "No, you cannot come in because you are not wearing shoes." This was published in the newspaper the next day. Strange things always happen.

Disegno/
Rappresentazione

Nella progettazione dei suoi oggetti è sempre forte la presenza del colore: nella sua macchina da scrivere c'è il solo colore rosso, nel mobile Carlton, invece, ci sono moltissimi colori. Perché è così importante il colore nei suoi oggetti?

Una volta ho fatto un acquerello dove c'era un giallo che ho schiacciato così come veniva fuori dal tubetto. Questi pezzi di carta acquerellati li portavo a Spazzapan per farglieli

Architettura monumentale, acquerello su carta / watercolour on paper, 2003. Milano, Collezione / Collection Galleria Antonia Jannone

vedere. Spazzapan non mi diceva mai niente di diretto, mi parlava di altri autori. Però quella volta lì mi ha detto: "Guardi che lei – perché allora ci si dava del lei – questo giallo non lo può fare". E io gli ho detto: "Ma Spazzapan, io questo giallo l'ho visto da Matisse. Nei quadri di Matisse ho visto un giallo puro". "Sì ma lei ha venti anni e Matisse ne aveva sessanta". Per me il colore è come le parole, come gli aggettivi. I colori, qualunque colore, contiene in sé una storia. Prendiamo il rosso della bandiera comunista: ha una storia diversa dal colore rosso delle ciliegie trentine. Ogni colore manda fuori echi, significati. Usare il colore è come aprire un vocabolario. Tu scrivi qualche cosa e cerchi gli aggettivi, cerchi le parole. Non esiste un discorso senza parole e aggettivi. E così non esiste il non colore. Esiste il fatto che lo usiamo o non lo usiamo, cioè che accettiamo una certa storia e non ne accettiamo un'altra. Per esempio, quando ero molto giovane, usavo appunto colori molto puri. Perché mi sembrava che il significato di questi colori puri fosse più apprezzabile. Un po' come faceva Mondrian. Mondrian usava soltanto tre colori perché voleva capire che cos'è il colore. Per esempio, vedi questi colori nocciola nel soggiorno? Sono tremendamente mescolati. Il corridoio dove si passa è di un colore verde più fresco, più invitante e il soggiorno invece di un colore più rilassante: tutto questo è un pensiero sui colori. Ma la gente non capisce niente dei colori. Non c'è nessuno, salvo qualche pittore, che parli di colore. Si parla, che so io, di moda o non di moda. Ma c'è una vaghezza nei riguardi della cultura dei colori che per esempio è impensabile in Oriente. Perché in Oriente la cultura dei colori è stata esaminata a lungo.

Design/Representation

In your projects great importance is always given to colour. In your typewriter red is the only colour, whereas in the Carlton piece of furniture there are many colours. Why is colour so important in your projects?

Once I made a watercolour picture, where I used pure yellow as it came out of the tube. Then I showed these papers to Spazzapan. He never told me anything directly. He would always tell me about other authors. That time, however, he said: "You must not use this yellow." I replied: "Listen Spazzapan, I have seen this yellow in Matisse's works. In his works I have seen a pure yellow." "Yes, but you are twenty, whereas Matisse was sixty years old." I think colour is like words, like adjectives. Colours, any colour has a story behind it. See for example the Communist flag's red. It has a different story from the red cherries of the Trentino region. Each colour sends out echoes and meanings. Using colours is like using a dictionary. You write something and look for adjectives and words. There is no speech without words and adjectives. In the same way, non-colour

Acquerello per Manifacture Nationale de Sèvres, acquerello su carta / watercolour on paper, 1993. Milano, Collezione privata / Private collection

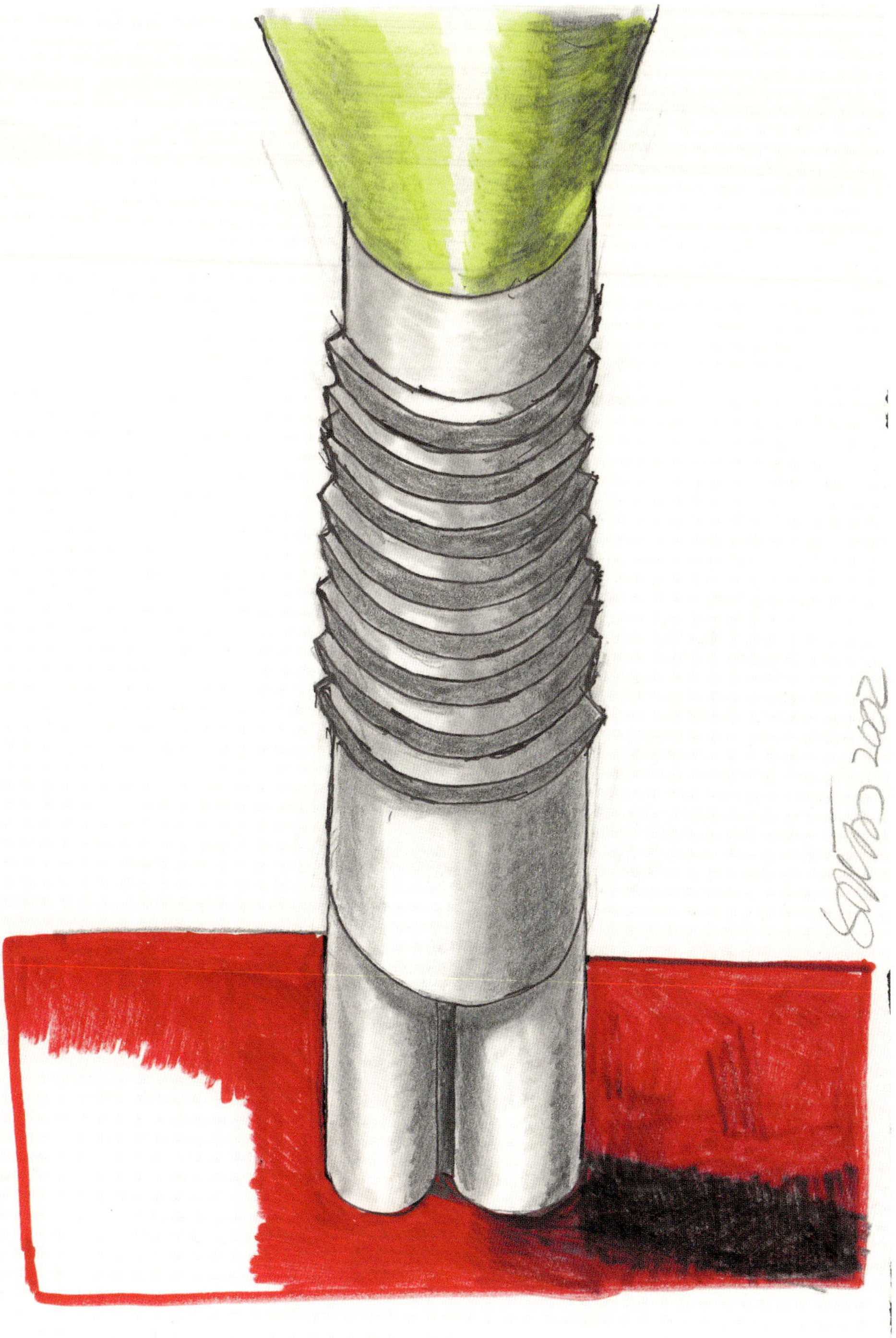

Ganga, vaso per la serie / vase
for the series "Short Stories",
tecnica mista su carta / mixed
media on paper, 2002

Casa pallida, tecnica mista
su cartoncino / mixed media
on board, 2002. Milano, Collezione
privata / Private collection

does not exist. We can decide whether to use it or not, hence we can decide whether to accept a certain story or not. When I was young, for example, I used very pure colours. I did so because I thought that their purity was to be appreciated more. Just like Mondrian did. Mondrian used only three colours because he wanted to understand what colour is. For example, look at these hazelnut browns in the living room. They are tremendously mixed. The corridor, where we pass, is of a fresher and more inviting green. The living room, on the other hand, is more relaxing. All this is a thought on colours. People, however, understand nothing about colours. Apart from some painters, nobody talks about colours. People, for example, talk about fashion. The culture of colours is extremely vague here, whereas in the oriental world, where the culture of colours has been extensively examined, it is a totally different story.

Museo triste in memoria dei popoli massacrati, acquerello su carta / watercolour on paper, 2003. Milano, Collezione / Collection Galleria Antonia Jannone

Negozio, Autorimessa, Abitazione, acquerello su carta / watercolour on paper, 2002. Collezione privata / Private collection

Apparati/
Appendix

Allestimento

Perché una mostra

Beatrice Mascellani

"Voi avete delle ambizioni, delle gentilezze o velleità, io non so, la mia vita è inspiegabile. Voi dovete fare una mostra molto piccola ma ben selezionata. Non c'è da dimostrare il fatto che ho fatto tante cose, c'è da dimostrare che ne ho fatte qualcuna di una grande intensità. Io penso a una mostra piccola ma molto emozionante; mi piacerebbe che uscissero piangendo, cioè con un'emozione".
Colloquio con Ettore Sottsass
Milano, 29 gennaio 2007

Quando abbiamo incontrato Sottsass a casa sua abbiamo parlato della mostra, della nostra idea di una mostra su di lui e gli abbiamo portato l'immagine di uno *yurt*, la tenda dei Mongoli, popolazioni nomadi dell'Asia. Non è che l'idea gli sia piaciuta molto, a dire il vero. Noi però gli abbiamo spiegato che sotto la tenda, che poteva anche non essere affatto una tenda ma che forse era un container o forse era una piccola stanza, ci stavano i suoi oggetti, in qualche modo divisi per gruppi, così che uno poteva essere lasciato tranquillo, isolato dal mondo esterno a guardare i suoi oggetti, a pensare al loro significato. Lui ha capito e non ha più detto che l'idea dello *yurt* non lo convinceva, ha invece preso un foglio di carta da una risma ordinatamente appoggiata sul tavolo, una penna e si è messo a ragionare insieme a noi sullo spazio.
Quando abbiamo incontrato Sottsass a casa sua gli abbiamo anche portato un libro con tante belle fotografie in bianco e nero delle Pescherie quando ancora erano un vivace mercato del pesce sulle rive di Trieste, con gente che urlava e girava tra i banconi sagomati in marmo, con donne e uomini con le ceste in vimini che facevano la spesa. Siamo riusciti a vedere le Pescherie solo quando erano transennate e non vi si sarebbe potuti entrare, prima che iniziassero i lavori per farle diventare uno spazio per le esposizioni. Mi ricordo le piastrelle azzurro-blu mare che rivestivano le pareti e le colonne fino a una certa altezza e i banchi in marmo reso vivo dall'uso che sembravano tante scrivanie di un enorme ufficio americano open-space. E mi ricordo i soffitti altissimi e la luce che entrava dalle vetrate rotte e attraverso le quali si vedeva il mare e il cielo. Il mare si vede anche oggi e i soffitti sono ancora tutti a volte, con gli archi che si reggono su altissime colonne-pilastri.
Questo spazio deve essere piaciuto molto anche a Francis Ford Coppola, se ha deciso di farlo diventare Ellis Island, nel *Padrino* parte II.
Oggi le Pescherie sono diventate le Ex Pescherie e non c'è più il colore azzurro-blu mare delle lucide piastrelle con i bordi delicatamente smussati e neanche ci sono più i banconi in marmo. Oggi c'è il colore del pavimento rosso come può essere rosso un campo arato – forse perché la cultura si semina? – e sembra di essere in una enorme piazza di terra battuta, dove la gente può incontrarsi, riposare, guardare, discutere, magari anche giocare, una enorme piazza coperta da una irraggiungibile struttura aerea. Forse è per questo che a noi è venuto in mente di fare l'allestimento in questo modo o forse perché nelle mostre precedenti ci sembrava sempre che mancasse qualcosa allo spazio attorno.
Sottsass dopo aver ragionato un po' sulla nostra idea ci ha detto: "Nell'allestimento bisogna fare in modo che quando sei in una stanzetta non ci siano sovrapposizioni, come un percorso che ogni volta che passi scopri un buco". Forse è per questo che abbiamo creato tante stanze o forse perché, come ha detto in un'intervista (Francesca Balena Arista, 2001): "Quando devo disegnare un grande palazzo o anche soltanto una grande casa, rompo il progetto in tanti più o meno piccoli progetti, in tanti piccoli spazi, così penso che tutti sono contenti perché si sentono più o meno a casa". Così le Ex Pescherie ci sono sembrate il posto ideale, coperto così com'è da un'alta volta, per accogliere delle piccole stanze, in qualcuna si entra, in qualcuna no, a volte le porte sono semplici aperture, a volte sono veri e propri ingressi, a volte ci sono delle pareti alte, a volte sono solo dei muretti, a volte ci sono delle piccole finestrelle con dei gradini per salirci e per curiosare dentro alle stanze, a volte ci sono delle panche per leggere e pensare, a volte ci sono tante righe colorate, a volte è tutto bianco, a volte è tutto nero. E quando esci da una stanza è un po' come uscire da una casa perché attorno ci sono altre stanze con le loro strade di accesso, con le loro viste, con le persone che camminano e ci girano attorno o che stanno sedute sotto il cielo a volte, un po' come succede quando uno va a vedere i resti di una antica città, come quando si vanno a vedere Pompei ed Ercolano e si cammina sulla terra e sulle pietre.
Quando abbiamo incontrato Sottsass a casa sua per parlare della mostra gli abbiamo anche detto che ci piace molto come scrive, quel suo modo di raccontare in prima persona le cose con apparente semplicità quando poi, se uno va a vedere bene, è tutto molto più complicato di come sembra.
Qualcuno ha scritto: "Leggere Sottsass mi emoziona e mi perdo nelle brevi e intense immagini evocate in rapidissima successione e con tale naturalezza che mi sembra di avere accanto il popolo dei Pallavas e Pin (protagonista nel *Sentiero dei nidi di ragno*

di Italo Calvino). Leggere Sottsass mi fa venire in mente Calvino. Forse, anzi credo quasi sicuramente, la scrittura è per Sottsass un altro modo per conoscere ciò che ci circonda, ciò che è stato, ciò che è rimasto, così come lo sono le ceramiche, o tutto ciò che Sottsass ha indagato e reso pubblico". I suoi scritti, sembra a noi, possono essere valide strutture di aiuto per capire i pensieri, le culture, le guerre, le religioni, gli amori, le vite, tutte le storie che Sottsass ha raccontato con l'architettura, la fotografia, i disegni, i vetri, le ceramiche, l'arredamento, gli ornamenti.
Quando abbiamo incontrato Sottsass a casa sua per parlare della mostra, prima di andare via gli abbiamo chiesto se il titolo che abbiamo scelto traendo spunto dai suoi scritti "Vorrei sapere perché" gli piaceva e lui ha risposto: "Sì, mi piace molto".
Ci piacerebbe con questa mostra aver accontentato Sottsass quando mentre lo salutavamo ci ha detto: "Vorrei che la vostra mostra fosse solamente solitudine e intensità" e forse, in parte, ci siamo riusciti.

L'allestimento si sviluppa attraverso una successione di stanze ognuna delle quali ha un tema (la ceramica, il vetro, gli oggetti, gli ornamenti, l'architettura, la fotografia, il disegno/rappresentazione). Le stanze contengono esempi della vasta produzione di Ettore Sottsass, sono pertanto i luoghi deputati all'esposizione intesa in senso classico. In ogni stanza c'è la voce di Sottsass che parla un po' di quello che ha fatto in quella stanza, del perché o del come l'ha fatto. Le stanze sono disposte in maniera apparentemente casuale, raggruppate o isolate, a creare dei percorsi che sono quasi delle strade, a creare dei punti di sosta e delle viste. I muri esterni di queste stanze non sono indifferenti al paesaggio. Ogni stanza ha le pareti di un proprio colore. Su queste pareti esterne vi sono delle affissioni, un po' come lungo le strade di una qualsiasi città, e uno può fermarsi a leggere e poi entrare nella stanza o può ignorare le scritte e, se le cose che ha visto gli sono o non gli sono piaciute, se le ha o non le ha capite, allora può ripercorrere le strade e leggere gli scritti di Sottsass che sono affissi ai muri. Ognuno è lasciato libero di scegliere il suo percorso, di guardare dentro o fuori dalle stanze, di curiosare e basta con la famiglia per la gita della domenica o di cercare di capire il pensiero profondo di Sottsass.

Installation
The Reason for an Exhibition
Beatrice Mascellani

"You are ambitious, kind or utopian, I don't know, my life is inexplicable. You should set up a small but well-selected exhibition. You need not prove that I have done much. You should prove that some of the things I have done are of great intensity. I am thinking of a small but deeply touching exhibition. I'd like that they come away crying, that they get emotional."
Conversation with Ettore Sottsass
Milan, 29 January 2007

When we met Sottsass at his home we talked about this exhibition, about our idea to do an exhibition on him. We used the image of a *yurt*, the tent used by the Mongols, the Asian nomads. To be honest, he did not quite like this image. We explained that the tent could also be a container, or maybe a little room in which to display his objects, divided in some way, so that one could cut himself/herself off from the rest of the world and look at his objects and think about their meaning. He understood our point and did not object to the idea of the *yurt* any more. He took a sheet of paper from a ream tidily placed on a table; he took a pen and he started to think with us about the space.
When we met Sottsass at his home we showed him a book with many beautiful black-and-white pictures of Pescherie when they were still lively fish markets on Trieste's seafront, full of shouting people, men and women shopping around shaped marble counters holding wicker baskets. We managed to see the Pescherie only when no one could get in any more, just before renovation works started to transform them into a place to host exhibitions.
I remember the marine azure-blue tiles covering their walls and their columns up to a certain height. I remember their marble counters enlivened by use and resembling desks of a huge American open-space office. I remember their very high ceilings and the light coming in through broken glass windows, through which one could see the sea and the sky. The sea is still visible and the roof is still vaulted. The arches are supported by very high columns-pillars. Francis Ford Coppola must have liked this space very much if he used it for Ellis Island in *The Godfather* part II.
Today the Pescherie have become the Ex Pescherie. Their smooth-edged, bright azure-blue tiles are gone and so are their marble counters. Today their floor is as red as a ploughed field–is that because culture must be sowed? Inside them, you feel as if

you are in a huge beaten-earth square where people can meet, relax, look, discuss and maybe play. A huge square covered by an unreachable aerial structure. Maybe this is why we thought of such an exhibition design, or maybe it is because in all the previous exhibitions we noticed that something was missing in the surrounding space. After thinking over our proposal, Sottsass told us: “There must be no overlapping in each room. Just like a route, where every time you pass you reveal a hole.” Maybe this is why we made many rooms, or maybe because, as he said in an interview (Francesca Balena Arista, 2001): “When I design a big building, or even just a big house, I break down the project into many more or less big projects, into many little spaces. This way I think everybody is happy because he/she feels more or less at home. So we thought that the Ex Pescherie were the ideal place, covered by a high ceiling to host some little rooms. One can enter some of them and stay out of others. Doors are sometimes simple openings and sometimes big entrances. Sometimes there are high walls and sometimes just low ones. Sometimes there are little windows with steps to peep into the room. Sometimes there are benches to read and meditate. Sometimes there are many coloured strips, sometimes it is all white and sometimes all black. To leave a room is like leaving a house, because around them are other rooms with paths leading to them, with their views, with people strolling around or sitting under a vaulted sky. It is like seeing the ruins of a city, like going to Pompeii and Herculaneum, where you walk on earth and stones. When we met Sottsass at his home to talk about this exhibition we told him we liked the way he writes, the way he uses the first person and the apparent simplicity under which, at a careful look, there are many more complicated issues than it seems. Someone once said: “To read Sottsass is moving and I lose myself in his brief and intense images rapidly following one another with such naturalness that I feel the people of Pallavas and Pin (the main character in *Path to the Spiders' Nests* by Italo Calvino) beside me. Sottsass's writings remind me of Calvino. Perhaps, almost surely I would say, to write is for Sottsass another way of knowing what surrounds us, what has been, what is left, like ceramics and anything that Sottsass has investigated and made public. We believe his writings can be of great help in understanding thoughts, cultures, wars, religions, loves, lives, all the stories that Sottsass has told through architecture, photography, drawing, glasses, ceramics, furnishing and ornaments.

When we met Sottsass at his home to talk about this exhibition, before leaving we asked him if he liked the title we had chosen from his writings, “I wonder why.” He replied: “Yes, I like it very much.” Through this exhibition we hope we can satisfy Sottsass's request when, waving goodbye, he told us: “I wish this exhibition could be only loneliness and intensity. Perhaps we have managed, partly.”

The exhibition design consists of many rooms, one following the other, each one with a specific theme (pottery, glass, objects, ornaments, architecture, photography and design/representation). Within each room there are examples of Ettore Sottsass's vast production. They are therefore exhibition spaces in the classical sense of the word. In each room there is Sottsass's voice narrating what he has made in that room, why and how he made it. The order of the rooms is apparently casual; they are grouped together or isolated, to create routes that resemble streets, to create points to stop and view. The external walls of the rooms are not indifferent to the landscape. Each room's walls are a different colour. On the walls there are posters, just like in any normal city. One can read these posters and then enter a room or just ignore the posters. Later on, according to whether or not he liked it, or whether or not he has understood what he has seen, he can decide to go back and read Sottsass's writings on the walls. Each person is free to chose a route, to look in or out of the rooms, to just peep in while going on a Sunday family outing or to try to understand Sottsass's deep thought.

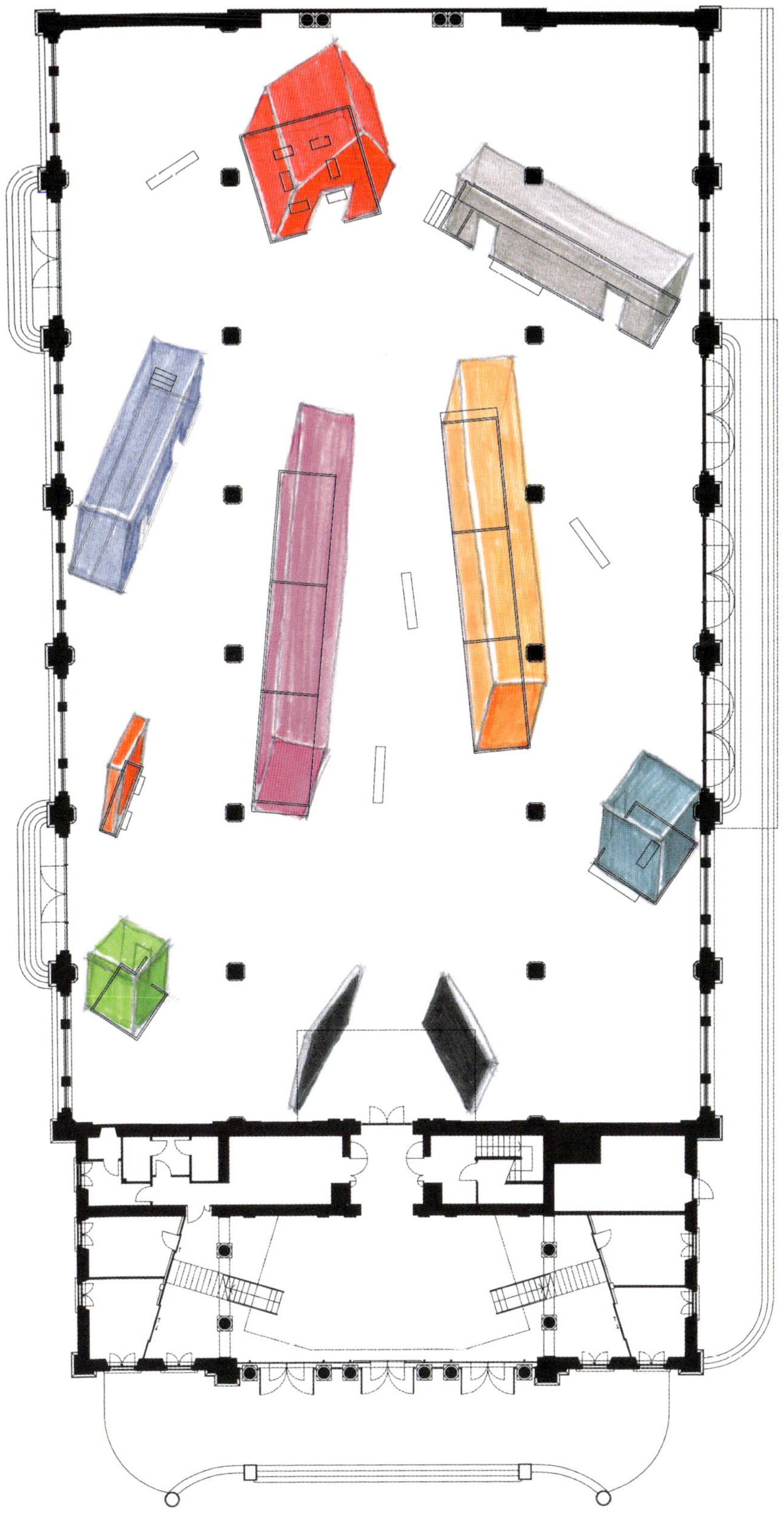

Profilo biografico dell'architetto Ettore Sottsass

Ettore Sottsass nasce a Innsbruck, in Austria, nel 1917. Si laurea in architettura al Politecnico di Torino nel 1939. Nel 1947 apre a Milano uno studio professionale dove si occupa di progetti di architettura e di design.
In parallelo con la sua produzione progettuale sviluppa la sua attività culturale. Ettore Sottsass partecipa a diverse edizioni della Triennale di Milano, espone in mostre collettive e personali in Italia e all'estero.
Nel 1958 inizia la sua collaborazione con Olivetti come consulente per il design, collaborazione che durerà per oltre trent'anni e che gli frutterà tre Compassi d'oro per il design. Ha disegnato tra l'altro, nel 1959, il primo calcolatore elettronico italiano, e in seguito varie periferiche e macchine per scrivere elettriche e portatili come Praxis, Tekne, e Valentine.
Dopo un lungo giro di conferenze nelle università inglesi, nel 1976 gli è stata conferita la laurea *honoris causa* dal Royal College of Art di Londra.
Nel 1981 ha dato inizio, con collaboratori, amici e architetti di fama internazionale, al gruppo Memphis, che è diventato in breve il simbolo del "nuovo design" e un riferimento per le avanguardie contemporanee. Un anno dopo ha fondato lo studio Sottsass Associati con il quale prosegue la sua attività di architetto e designer.
Sue opere e progetti fanno parte delle collezioni permanenti di importanti musei di vari paesi, come: Museum of Modern Art di New York, The Metropolitan Museum of Art di New York, Centre Georges Pompidou di Parigi, Musée des Arts Décoratifs di Parigi, Victoria & Albert Museum di Londra, Musée des Arts Décoratifs di Montreal, Israel Museum di Gerusalemme, The National Museum di Stoccolma, ecc.

Biographical Notes on the Architect Ettore Sottsass

Ettore Sottsass was born in Innsbruck, Austria, in 1917. He graduated in Architecture from the Politecnico in Turin in 1939.
In 1947 he opened his own practice in Milan, where he worked on architecture and design projects. Alongside his architectural and design activity he developed his cultural pursuits. Ettore Sottsass has taken part in various editions of the Milan Triennale, and exhibited in group and solo exhibitions in Italy and abroad. He is recognized for his international role in the renewal of design in the years leading up to the Second World War and in those that followed immediately after it.
In 1958 he began his collaboration with Olivetti as a design consultant. Among other things he designed, in 1959, the first Italian electronic calculator, and subsequently a number of peripherals and calculating systems and typewriters such as Praxis, Tekne, Editor and Valentine, the last of which is now part of the permanent collection of the Museum of Modern Art in New York.
After a long lecture tour in British universities, in 1976 he received an honorary degree from the Royal College of Art in London.
In 1981, with collaborators, friends and architects of international repute, he founded the Memphis group, which quickly became the symbol of "new design" and a landmark for the contemporary artistic avant-gardes. In the same year he founded the Sottsass Associati partnership, with whom he has continued his career as an architect and designer.
There are works by Ettore Sottsass in the permanent collections of major museums worldwide: Museum of Modern Art, New York; The Metropolitan Museum of Art, New York; Centre Georges Pompidou, Paris; Musée des Arts Décoratifs, Paris; Victoria & Albert Museum, London; Musée des Arts Décoratifs, Montreal; Israel Museum, Jerusalem; The National Museum, Stockolm, etc.

Ritratto. Foto / Photo Francesco Barasciutti

Coordinamento grafico
Angelo Galiotto

Coordinamento editoriale
Cristina Garbagna

Progetto grafico
Tassinari/Vetta

Impaginazione
Tassinari/Vetta
(Showa Pluchinotta)

Redazione
Laura Guidetti
with Gail Swerling

Coordinamento tecnico
Lara Panigas

Controllo qualità
Giancarlo Berti

www.electaweb.com

Questo volume è stato stampato per conto
di Mondadori Electa S.p.A. presso lo Stabilimento
Mondadori Printing S.p.A., Verona nell'anno 2007